宇宙奥秘解码

地理美景的奥妙解答
地理奇观惊曝

韩德复 编著

中国出版集团
现代出版社

前言
reface

　　神舟九号圆满完成载人空间交会对接，嫦娥三号即将实现月球表面探测，萤火号启动我国火星探测计划……我们乘坐宇宙飞船遨游太空的时候就要到了！你准备好了吗？

　　21世纪的曙光刚刚揭开天幕，一场太空探索热潮在全球掀起。一个个云遮雾绕的宇宙未解之谜披着神秘的面纱，激起我们遥望宇宙这个布满星座黑洞的魔幻大迷宫，探求走向太空熠熠闪烁的道路。

　　太空将是我们人类世界争夺的最后一块"大陆"。走向太空，开发宇宙，是我们未来科学发展的主要方向，也是我们未来涉足远行的主要道路。因此，感知宇宙，了解太空，是我们走向太空的第一步。

　　宇宙展示包括地球及其他一切天体周围的无限空间，太空则展示地球大气层外层空间，直至宇宙的各个领域。发现天机，破解谜团，这是时代发展的需要，也是提升我们素质的良机。

　　我们在向太空发展的同时，也在不断挖掘地球的潜力，不断向大海、地底等处深入发展。我国载人深潜器"蛟龙"号再创载人深潜纪录，海底发现可满足人类千年能源需求的可燃冰，等等，这都说明我们探索地球的巨大收获。

从太空到地球，宇宙的奥秘是无穷的，人类的探索是无限的。我们只有不断拓展更加广阔的生存空间，破解更多的奥秘谜团，看清茫茫宇宙，才能使之造福于我们人类，促进现代文明。

为了激励广大读者认识和探索整个宇宙的科学奥秘，普及科学知识，我们根据中外最新研究成果，特别编辑了本书，主要包括宇宙、太空、星球、飞碟、外星人、地球、地理、海洋、名胜、史前文明等存在的奥秘现象、未解之谜和科学探索新发现诸多内容，具有很强的系统性、科学性、前沿性和新奇性。

本套系列丛书知识面广、内容精炼、图文并茂，装帧精美，非常适合广大读者阅读和收藏。广大读者在兴味盎然地领略宇宙奥秘现象的同时，能够加深思考，启迪智慧，开阔视野，增加知识；能够正确了解和认识宇宙，激发求知欲望和探索精神，激起热爱科学和追求科学的热情，掌握开启宇宙的金钥匙，使我们真正成为宇宙的主人，不断推进人类向前发展。

目录
Contents

地理疑问

地理解答

地理奇观

　　大自然的鬼斧神工造就出地球上许多"与众不同"的地理现象，这些现象或超出了自然的规律，或超越了人类的想象，虽然美轮美奂，却令人震惊不已！

太平洋复活节岛奇观

复活节岛的发现

复活节岛是智利的一个小岛，距智利本土3600多千米。据说，1722年荷兰探险家雅可布·罗格文在南太平洋上航行探险，突然发现一片陆地。罗格文一行一踏上这个小岛，就被眼前的景象惊得目瞪口呆。

这是一个三角形的岛屿，长24千米，最宽处17.7千米，面积为117平方千米。岛上死火山颇多，有3座较高的火山雄踞岛上3个角的顶端，海岸悬崖陡峭，攀登极难。

岛上既没有一条河流，也没有任何树木，只有荒草在地上生

长着，篙鼠是该岛唯一的野生动物。

岛上山峦起伏，层峦叠嶂，拉诺·洛拉科火山的身影，在蔚蓝的天幕上显得雄伟挺拔，岛上有许多石头块砌成的墙壁、台阶和庙宇。

在该岛的南部，他们看到了一个巨大石墙的残迹。石墙的后面耸立着几百尊气势恢宏、撼人心魄的巨大石像。

这些巨大的石像面朝大海，排列在海岸边，上面还刻着人物和飞禽的花纹。这些石头人站立在巨大的石头平台上，脸部的表情十分生动。有的安详端庄，有的怒目而视，有的似乎在沉思默想，也有的满脸横肉，杀气腾腾。

复活节岛巨石像

复活节岛上的石像至少有10米高，是用整块石头雕成的。有的石像头上还戴着巨大的石头帽子，耳部有长长的耳垂。

　　罗格文总共发现了500多尊石像。此外，在拉诺·洛拉科火山口的碎石堆里，还躺着150尊未完成的雕像。那里还有石棒、石斧和石凿等石制工具。

　　复活节岛上遍布近千尊巨大的石雕人像，它们或卧于山野荒坡，或躺倒在海边。其中有几十尊竖立在海边的人工平台上，单独一个或成群结队，面对大海，昂首远眺。

　　这些无腿的半身石像造型生动：高鼻梁、深眼窝、长耳朵、翘嘴巴，双手放在肚子上。石像一般高5米至10米，重几十吨，最高的一尊有22米，重30万多千克。

　　有些石像头顶还带着红色的石帽，重达10000千克。这些被当地人称作莫埃的石像，由黝黑的玄武岩、凝灰岩雕琢而成，有些还用贝壳镶嵌成眼睛，炯炯有神。

复活节岛的名称由来

1722年4月5日，荷兰海军上将、荷兰西印度公司探险家雅各布·罗格文率领的一支舰队，发现了这个位于南太平洋中的小岛。罗格文在航海图上用墨笔记下了这个岛的位置。由于发现该岛这一天正好是基督教的复活节，他在旁边记下"复活节岛"。从此复活节岛之名被世人所知。

1774年，英国探险家詹姆斯·库克船长再次找到该岛。1914年开始对复活节岛进行相关的考察和研究活动。

> 复活节岛上没有高于3米的树木。植被以黄灌木、杂草为主，种类也非常单一。经科学研究表明，是当地居民在烧荒时烧掉了岛上原有的诸如棕桐树等大型树木。

我还想知道

世界最大的珊瑚岛

大堡礁简介

大堡礁，是世界最大最长的珊瑚礁群。位于南半球，它纵贯澳洲的东北沿海，北从托雷斯海峡，南到南回归线以南，绵延伸展共有2011千米，最宽处161千米。

大堡礁上有2900个大小珊瑚礁岛，自然景观非常特殊。南端离海岸最远有241千米。北端则最近处离海岸仅16千米。在落潮时，部分的珊瑚礁露出水面形成珊瑚岛。

在礁群与海岸之间，是一条极方便的交通海路。风平浪静

时，游船在此间通过，船下是连绵不断的多彩、多形的珊瑚景色。就成为吸引世界各地游客，来猎奇观赏的最佳海底奇观。

形成历史

大堡礁形成于中新世时期，距今已有2500万年的历史。

大堡礁堪称地球最美的"装饰品"，它就像一颗闪着天蓝、靛蓝、蔚蓝和纯白色光芒的明珠，游客在飞机上更能领略大堡礁的旖旎风光。

但令人费解的是，当初首次目睹大堡礁的欧洲人，未能以丰富的词汇来描述它的美丽。这些欧洲人大部分是海员，可能他们脑子里想的是其他事情，而忽略了大自然的美景。

大堡礁的组成

大堡礁由350多种五彩缤纷的珊瑚组成，有的像傲雪的红梅，有的像开屏的孔雀，有的像繁茂的树枝，还有的像精雕细刻

的工艺品……坐飞机从上空俯瞰，珊瑚礁宛如艳丽的鲜花，开放在碧波万顷的大海上。

在大堡礁的格林岛上，还设有精巧的水下观察室。游人在那里可以观看，珊瑚洞穴里栖息着的数百种美丽的鱼类，和稀奇古怪的海生动植物。有被珊瑚虫寄生的重达140千克的巨蛤，有能施放毒液的华丽的狮子鱼和形如石头的石头鱼，还有敢于偷袭潜水员的昆士兰鲵鱼……真好像水晶宫一般。

珊瑚礁的形成

珊瑚礁是由一种微小的腔肠动物，即珊瑚虫制造出来的。珊瑚虫原来生活在海底的石灰质高地上，吃海藻等食物，消化之

后，就分泌出石灰质。

　　老的珊瑚虫死去后，它们的骨骼也就和石灰质混在一起了，新的珊瑚虫继续在原来的石灰质上生长。就这样，成千上万年过去了，便形成了巨大的珊瑚礁群。有的露出水面，成为了海岛。

我还想知道

　　泰国芭提亚珊瑚岛，又称可兰岛，是芭堤雅海滩外最大的岛，岛的四周有许多沙滩，沙白细绵，水清见底，海底又有许多珊瑚和热带鱼，是休闲、海浴、游泳、潜水和其他海上活动的好去处。

各地的奇异怪坡

美国怪坡

美国犹他州，有一个被人们称为"重力之山"的奇特山坡，有一条直线距离为500米左右，坡度很大的斜坡道，也是闻名全球的"怪坡"。驱车到此，将车停下，松开制动器，就会发现，汽车像是被一种无形的力量拉着似地，缓慢地向山坡上爬去。

北京怪坡

怪坡位于北京市海淀区北安河乡阳台山半山腰一个岔路口。怪坡长约40米，东西走向，给人感觉东高西低。汽车开到坡底熄火后，挂空挡、松闸，车子却能自己慢慢溜回到坡上。倒水也一样往坡上流。

台湾怪坡

在台东县东河乡，有一个名叫"都兰"的旅游胜地，其最吸

引游人处，便是"水往高处流"。怪坡旁有一股小溪，溪水流到山脚下的农田，而靠近山脚旁的另一股溪水不往下流，偏偏反其道而行之，向山坡上流去，观者无不称奇。

发生在华夏大地的怪坡奇异现象，以其不可思议的神奇力量成为人们探奇的"热土"。饶有兴趣的是，类似"上坡轻松、下坡费劲"的怪坡，在世界各国也已发现多处。

唐山怪坡

怪坡位于河北省唐山市大城山公园东北角，长约70余米，宽约15米，呈北高南低走势，坡度约为15度。骑车上坡时感觉轻松，几乎不用蹬车，而下坡则很费劲，不蹬车难以行进。

一位司机驾驶着桑塔纳轿车，下坡时汽车空挡竟然向后滑行。据了解，怪坡是唐山一企业员工偶然发现的，现已开辟为旅游景点。

山东怪坡

山东省济南市东南外环路有一段怪坡，引来人们竞相探奇。当时，有人驾车途经外环路省经济学院以南，走完约1500米的下

坡路，汽车突然熄火。然而奇怪的是，熄火的汽车竟又慢慢地自动倒着爬回了上坡。不少人闻讯赶来，目睹了同一现象：几辆汽车驶到坡底，车与车相距1.2米熄火；结果，汽车均倒行逆驶，缓慢地爬回坡上去。

西安怪坡

1997年，在陕西省西安秦始皇兵马俑博物馆东南方，人们发现了一个怪坡。怪坡长约120米，是一段盘山公路的上坡段。汽车、摩托车、自行车到此，不用加力踩油门，都会自动地慢慢爬上去。

哈密怪坡

在303省道距新疆哈密市区30多千米处，有一个长约1000米的怪坡。汽车上坡，在不给油空挡的情况下，车将向坡顶滑行，从坡底的零速度到坡顶时，时速可达40千米。如果往地上

倒矿泉水，水也是向坡顶倒流。

哈密怪坡是在2006年6月偶然中发现的。关于它的成因众说纷纭，比较认同的说法是视觉错误。

怪坡之谜

关于怪坡的成因说法不一。专家、名人、学者纷至沓来，探秘揭谜。有的说是磁场作用，有的说是重力位移，还有的说是视觉差。但各种说法相互矛盾，不能自圆其说。

通过多次进行科学实验表明：在怪坡上，越是质量大的物体，越是容易发生自行上坡的奇异现象。

如此怪坡效应，使探险家和科学工作者产生浓厚的兴趣，先后提出了重力异常、视差错觉、磁场效应、四维交错、黑暗物质和飞碟作用、鬼怪作祟、失重现象、黑暗物质的强大万有引力和UFO的神秘力量……

各种解释，众说纷纭，却难以使人信服。怪坡，依然成为人们竞相前往探奇的旅游谜地。之后，人们按比例做了一个模型，发现怪坡现象仍然存在。因此排除了外界磁场等影响。然后又用仪器测量，发现上坡的地方其实质是下坡，这被称为视觉差。因为这些地方的特殊地形地貌，导致人们大脑对事实的判断错误。

乌拉圭怪坡：南美乌拉圭的巴纳角地区，可以说是怪坡的聚焦点，汽车只要一开进这一地区，便怪事丛生。最令人惊奇的要数汽车一旦抛锚，一种不知从何而来的神力，会把汽车推出几十米远。

我还想知道

可怕的厄尔尼诺现象

厄尔尼诺现象

厄尔尼诺一词来源于西班牙语，原意为"圣婴"。19世纪初，在南美洲的厄瓜多尔、秘鲁等西班牙语系的国家，渔民发现，每隔几年，从10月至第二年的3月，会出现一股沿海岸南移的暖流，使表层海水温度明显升高。

南美洲的太平洋东岸，本来盛行的是秘鲁寒流。随着寒流移动的鱼群，使秘鲁渔场成为世界四大渔场之一。但这股暖流一出现，性喜冷水的鱼类就会大量死亡，使渔民们遭受灭顶之灾。由于这种现象最严重时，往往在圣诞节前后。于是遭受天灾而又无可奈何的渔民，将其称为上帝之子圣婴。后来，在科学上此词语用于表示，在秘鲁和厄瓜多尔附近几千千米的东太平洋海面，温度的异常增暖现象。当这种现象发生时，大范围的海水温度，可比常年高出3度至6度。太平洋广大水域的水温升高，改变了传统的赤道洋流和东南信风，导致全球性的气候反常。

揭秘成因

厄尔尼诺并不是一种孤立的海洋现象，它是大气和热带海洋相互作用的结果。由于东南和东北太平洋，两个副热带高压的减弱，分别引起东南信风和东北信风的减弱，造成赤道洋流和赤道东部冷水上翻的减弱，从而使赤道太平洋海水温度升高，形成了厄尔尼诺现象。

厄尔尼诺灾难

在厄尔尼诺现象发生的时候，海水增暖往往从秘鲁和厄瓜多尔沿海开始。接着向西传播，使整个东太平洋赤道附近的广大洋面，出现长时间异常增暖现象，造成这里的鱼类和以浮游生物为食的鸟类大量死亡。

厄尔尼诺现象，除了使秘鲁沿海气候出现异常增温、多雨外，还使澳大利亚丛林，因干旱和炎热而不断起火；北美洲大陆热浪和暴风雪竞相发生；大洋洲和西亚发生严重干旱；非洲大面积发生土壤龟裂；欧洲发生洪涝灾害。

厄尔尼诺现象的决定因素，也就是海洋和大气系统内部的动力学过程的持续时间，决定了厄尔尼诺事件发生周期一般为2年至7年，平均每3年至4年发生一次。

厄尔尼诺现象，它对全球气候异常造成了巨大灾害，仅1982年全球就有1/4地区，受到各种不同气候异常的危害，有1000多万人丧生，损失几百亿美元。

我还想知道

自然界的奇音妙响

鸣沙山

甘肃省敦煌城南5000米，有座鸣沙山，东西长40千米，南北宽20千米，高90千米，完全由积沙形成，并且形成许多沙峰。

人们登沙山时就可听到沙鸣之声，更加奇妙的是，如果在晚间登沙山，除听到沙鸣之外，还可看到五彩缤纷的火花。至今人们对鸣沙山形成的原因仍未了解清楚。

巨音石

浙江省龙游县祝家村附近的山阴道间，有一块一踩就响的怪

石头，石头呈椭圆形，赭色。

人们一踏上去，立刻就会发出山峰倒塌似的巨声；如果两人同时在怪石边，踏上怪石的人能听到犹如山崩的洪亮声音。但没有踏上的人却什么声音也听不到。这块奇怪的石头至今仍是一个谜。

古鼎龙潭奏奇乐

广西融水县风景区之一的古鼎龙潭，1985年1月10日清晨6时，响起了古道场的锣鼓声、唢呐声、木鱼声，声音一直持续到当天晚上22时才停止。

这一奇怪的现象一下子传到四面八方。不到3小时，到古鼎龙潭听这奇乐的人多达7000多人。从当地老人那得知，这一奇异的自然现象，曾在1953年秋天出现过一次。

监狱会吼啸

1946年9月12日午夜，江苏省苏州狮子口监狱突然爆发3次惊天动地的吼啸声。每次呼啸如万马奔腾，声震如雷，其中还杂有惨厉的哭喊声，特别恐怖。

吼啸声响异常的大，在三四千米外都可以听见。像似有人恐怖喊叫，令人毛骨悚然。这件怪事至今仍是一个谜。

发音的石桥

七孔桥位于河北省清东陵，它是15座陵寝中大小不等、形式各异的100座石桥中的一座。它全长110米，宽9米，两边共装有

石栏板126块。

令人惊奇的是，敲击一下桥的栏板，就会发出"叮咚"悦耳的声音。每块栏板大小一样，形状相同，然而发出的声音却不同，有的浑厚低沉，犹如木鱼，有的犹如钟发出的声音一样。

> 在意大利西西里岛有个叫"狄阿尼西亚士的耳朵"的山洞。这个奇特的山洞从洞顶到洞底深40米，人在洞顶贴耳俯壁细听，可听到洞底人的呼吸声，更何况是能听到人的喃喃耳语了。

我还想知道

大自然管弦乐队

广西牛鸣石

在广西靖西县，有个叫牛鸣坳的山坳，横卧着两块巨岩，中间有"一线天"人可通行。其中一块三角形的巨岩有汽车那么大，远看去犹如卧在地上的一头大灰牛，被称作"牛鸣石"。此岩石表面光滑，内有许多交错的孔洞。游人贴洞吹气，便发出一阵阵雄浑的"哞哞"牛叫声。吹气越大声越响，顿时群山共鸣，势如群牛呼应。古人有诗称"伏石牛鸣吹月旋"，意思就是这里石牛一叫，月亮也会跟着旋转起来，用来形容牛鸣石的神奇。

牛鸣石是浅灰色的石灰岩，被雨水溶蚀出许多孔洞，蚂蚁、蛇、鼠和鸟类穿行其中，把毛糙的洞壁打磨光滑了。人往一个洞口吹气，互相串通的孔洞受空气摩擦，便发出动听的牛鸣声。

美国发声奇石

在美国佐治亚州，有一片"发声岩石"异常地带。拿着小锤敲击这里的石头，无论大石、小石或碎片，都会发出音色和谐清脆悦耳的声音。可是，把这里的石头搬到别的地方去敲打。不管怎样敲，只有沉闷的"嘤嘤"声，与普通石头一般。美国加利福尼亚州沙漠地带的一块巨石，足有几间屋子那么大。居住在附近的印第安人，常常在明月高悬的夜晚来到这里，点起一堆堆篝火。当滚滚浓烟笼罩时，巨石竟然会发出阵阵迷人的乐声。当地印第安人把这块巨石尊崇为神石而顶礼膜拜。但时至今日，人们仍然不知为什么这块巨石，只有在宁静的月夜，并被浓烟笼罩时，才能发出悠扬的乐声？

原因分析

世界各地还有许多诸如响山、音石、乐泉、语洞等大自然的音响胜地，人们对它的发声奥秘仍无法探明。

为什么石头放在某一地带，就能发出乐声；挪动位置就失效呢？有人分析这是个地磁异常带，存在着某种干扰场源。岩石在辐射波的作用下，敲击时会受到谐振，于是发出乐声来。然而这仅仅是一种推测，还没有得到充分的科学证实。

我还想知道

河北省青龙县若岭山的响山，海拔约1000米，岩隙塘穴格外发达，加上周围诸峰对响山形成合围之势，所以劲风一吹，擦壁如琴，入穴如笛，拔柱如钟，穿塘如弦，于是百乐和鸣，仿佛大合奏。

神秘的空降怪雨

空降怪雨

1879年美国萨克拉门托城的奥迪菲罗基地，曾发生过几次鱼雨。1841年美国波士顿城，曾发生过几次鱼雨和乌贼雨，其中一些乌贼长达0.25米。1933年美国伍斯特城和马萨诸塞城，落下大量冰冻鸭子。每当发生怪事之时，很多人都极力找出一些原因，以说服众人，这是毫不奇怪的。但是，科学家们却与众不同，因为他们不能空口无凭地解释"科学怪事"。

1954年7月12日，英国伯明翰城内萨吐纳·库尔达菲尔德地区发生的青蛙雨，任何一位科学家都未予以评论或解释。因为他们根本不知道这是怎么回事。

难以破解的雨

对于怪雨，科学家们一直在研究。迄今为止，世界各国普遍的解释是：怪雨现象是旋风造成的。即一股旋风将河流、湖泊和大海中的水席卷而起，带到空中，旋风内有许多水生动物，旋风在空中旋转。

　　不久，由于地球引力的作用，海水或湖水连同水中的动物一齐落到某地，因而形成了怪雨。这种解释听起来虽颇有道理，但是它却不能从根本上解释怪雨现象。

　　因为倘若这样解释，就意味着旋风同样也具有一些难以解释的现象的能力：即在空中将水中的动物选择，随后分门别类加以区别，然后再分类扔到地面上去。怪雨现象中还有一些生活在深海中的鱼类，并有一些死鱼或鱼干，这些事实都是台风或飓风论者无法解释的。显然，怪雨现象实在令人难以破解。

　　318年7月，临汾降赤雨，广袤10里；618年，云中即今大同雨血三日；1276年4月，冀宁榆次县雨毛如马鬃；1493年8月，临晋雨虫如雪；1729年和顺，雨鱼，落地即腐……

我还想知道

杀人的巴罗莫角

地理位置

巴罗莫角在加拿大北部的北极圈内，这个锥形半岛连着帕尔斯奇湖岸，被人们称为死亡角，位于上帝的圣潭仅40千米，该岛的锥形底部连接着湖岸大约有3000米长。

科学家认为巴罗莫角与世界上其他几个死亡谷极为相似，在这个长225千米，宽6.26千米的地带生活着各种生擒植物，而一旦人一进入就必死无疑。

巴罗莫角的由来

20世纪初，纽特人亚科逊父子前往帕尔斯奇湖西北部捕捉北极熊。当时那里已经天寒地冻，小亚科逊首先看见了巴罗莫角，又看见一头北极熊沉笨的从冰上爬到岛上，小亚科抢先向小岛跑去，父亲紧跟在后面也向小岛跑去。哪知小亚科逊刚一上岛便大声叫喊，叫父亲不要上岛。亚科逊不知道发生什么事情，但他从儿子语气中听到了恐惧和危险。等了许久，不见儿子出来，便跑回去搬救兵，一会就找来了6个身强力壮的中青年人，上岛寻找小亚科逊了，只是上岛找人的全找得没了影儿，从此消失了。

巴罗莫独自一人回去了，他遭到了包括死者家属在内的所有人的指责和唾骂。从此人们将这个死亡之角称为巴罗莫角，再也没有谁敢去那岛了。

发现地磁现象

1972年，美国职业拳击家特雷霍特、探险家诺克斯维尔以及默里迪恩拉夫妇共4人前往巴罗莫角。诺克斯维尔坚信没有解不开的谜。4月4日，他们来到死亡角的陆地边缘地带并且驻扎了10天，目的是为观察岛上的动静。直至4月14日，他们开始小心向死亡角接近以免遭受不必要的威胁。拳击手特雷霍特第一个走进巴罗莫角，诺克斯维尔走在第二，默里迪恩拉夫人走在第三，他们呈纵队每人间隔1.5米左右慢慢深入腹地。一路上他们小心翼翼走了不久就看见了路上的一架白骨。

默里迪恩拉夫人后来回忆说："诺克斯维尔叫了一声：'这里有白骨'我一听就站住了不由自主地向后退了两步，我看见

他蹲下去观察白骨，而走在最前面的特雷霍特转身想返回看个究竟，却莫名其妙地站着不动了并且惊慌地叫道：'快拉我一把'！而诺克斯维尔也大叫起来：'你们快离开这里！我站不起来了！好像这地方有个磁盘'"

默里迪恩拉说："那里就像幻片中的黑洞一样将特雷霍特紧紧吸住了无法挣脱，甚至丝毫也不能动弹。后来我就看见特雷霍特已经变了一个人，他的面部肌肉在萎缩，他张开嘴却发布出任何声音，后来我才发现他的面部肌肉不是在萎缩而是在消失。不到10分钟他就仅剩下一张皮蒙在骷髅上了，那情景真是令人毛骨悚然，没多久他的皮肤也随之消失了。奇怪的是他的脸上骨骼上不能看见红色的东西，就像被传说中的吸血鬼吸尽了血肉一样。然而还是站立着的诺克斯维尔也遭到了同样的命运，我觉得这是一种移动的引力，也许会消失，也许会延伸，因此我拉着妻子逃出来"。

寻找地磁证明

1980年4月，美国著名的探险家组织——詹姆斯·亚森探险队

前往巴罗莫角，在这16人中有地质学家，地球物理学家和生物学家，他们对磁场进行了鉴定还对周围附近的地质结构进行分析，没有在巴罗莫角找到地磁证明 。这次，亚森探险队的阿尔图纳不顾众人反对要做一个献身的试验，他在身上栓了一根保险带和几根绳子又在全身夹了木板，然后视死如归的走向巴罗莫角，他与同伴约定只要他一发声大家就立即将他拖出险地。但这一次说来很怪，他一直走了近500米的路也未发生危险，只是后来大家怕一起陷入危险导致无谓死亡便将阿尔图纳强行拖了出来 。

尽管这次探险仍未能为这一奇怪现象找到答案，但这个试验证明了当初默里迪恩拉的推测，即巴罗莫角的引力是移动的阵发。这个试验为以后的考察工作至少提供了可资借鉴的经验，阿尔图纳解释说："也许巴罗莫岛上的野生动物就是凭经验和本能掌握了这一规律所以才得以逃离死亡生存下来"。这当然也包括如美国内华达与加利福尼亚相连处的死亡谷，还有印度尼西亚爪哇岛上的死亡谷。

谜团获释

2009年6月，由20多名多国科学家组成的科考队踏上了前去巴罗莫角的征程。这支科考队的带头人是美国国家地球物理协会的资深物理学教授霍克。为了保险起见，霍克等人在来到巴罗莫角附近后，先在旁边的水域驻扎下来。他们用仪器分别对该地区的空气、地质结构进行取样分析，结果也是一切正常。

大家检测了布兰科带回的草本植物，发现根叶均未见异常。但土样中的镉、锌、铜、银等金属元素却超过了正常范围数十

倍。但这个发现并不能解释杀人事件，科学家们决定用一些动物做实验。他从直升机上往下放野兔，前两次将野兔放下去，霍克等人等了很长时间并没有什么反应，第三次放下去没多久，负责拉绳子的人突然觉得绳子被什么力量牵引住了，那只野兔竟然怎么也拉不上来了！霍克惊诧地发现野兔周围的草木全都呈现出直立状，而那只野兔则一动不动待在原地，通身的肉和皮毛开始消失，短短5分钟就只剩下一副白色的骨架。

与此同时，绳子上的探测头传回的信息显示：磁场强度接近极限。回到大本营后，科学家们对野兔的骨骼进行研究，发现骨头中本该有的一些水分和油脂完全消失，呈现出一种干枯的状态，并有着极为严重的受磁迹象。经过测定，霍克等人判断巴莫罗角地区的超强磁场正是罪魁祸首。

无形的神秘杀手

实验如期开始，霍克教授在一个高压电子发生器上缠绕上

千万伏的高电压电磁线圈，这些线圈可以在一个小箱体内发出超强磁场，与巴罗莫角的超强磁场很接近。

工作人员打开了装有高压电子发生器的透明小箱子，小箱中的一只野兔活蹦乱跳，可是一通上电后，超强磁场立刻产生了巨大的摧毁性力量，野兔立刻全身僵直，不一会就皮肉尽失而死，只剩一副骨架。整个过程和威尔森的描述一模一样。

霍克教授随后解释了巴罗莫角杀人的背后真相：正常的地磁是北极到南极的磁力变化，人类早已适应。但巴罗莫角地下含有大量导电性能极佳的金属元素，并且紧挨北极，这使得磁力从北极流向南极时会被这座小岛吸走一部分。虽然这部分磁力同整个地球磁场比十分微小，但当它作用到生物身上则是极强大的。

超强磁场只在地表50米上下内活动，禽类一般不会受到磁场的影响。而大部分陆地动物也有敏锐的电磁感知能力，往往能避开强磁场存在的区域。

至于植物不受害，是因为植物细胞的质膜被坚硬的细胞壁所包围，细胞壁有很强的屏蔽磁场作用，如同避雷针，所以受磁时，植物只是叶体倒伏而已，而人和动物的细胞是没有细胞壁的，强磁场可以直接作用于细胞核，所以导致瞬间毙命。至此，恐怖的杀人角背后的奥秘终于被解开。

我还想知道

1934年，几个加拿大人勇闯夺命岛。他们在因纽特人们的注目下上了岛，随之听到几声惨叫，他们像变戏法一样就被蒸发掉了。这一场悲剧引起了帕尔斯奇湖地区土著移民的极度恐慌。

出不去的利雅迪三角

利雅迪三角鬼谷

俄罗斯的普斯科夫地区在1928年，7名伐木工人连同斧头在此不见了踪影；1931年，利雅迪村有7家农民在此失踪；1974年，从彼得格勒来的一伙采蘑菇人在鬼谷里神秘失踪，两个星期后找到其中的两人，可他俩谁也说不出其他5个人的下落。在这里，和百慕大三角一样，成了远近闻名的利雅迪三角。

蘑菇老人神秘失踪事件

2003年7月13日，67岁的采蘑菇老人叶甫盖尼·叶甫盖尼耶维奇因找鸡油菌在利雅迪村附近的鬼谷里迷了路。老人是个善于辨认各种踪迹的人，因此在路边等他的伙伴一开始并不怎么着急。但时间在一分一秒地过去，他们一直等了一天一宿，老人还是不见踪影。

到了第三天，此事惊动了非常局势部的战士、专家和警犬。不过警犬也只是无奈地摇摇尾巴。战士们虽然把所有的蕨科植物丛都搜过一遍，还边搜边大声呼叫，可就是找不到老人。带队的军官们急了，怀疑他很可能早已溜回家，而拿这些人来开涮，于是下令撤走战士们和警犬。

可这些日子老人一直都是不知所措地在鬼谷里转着圈儿，饿了就吃篮子里的鲜蘑菇，边走还边祷告上帝，时间仿佛都停滞了。在高大挺拔的松树和大片的蕨科植物中间，白天成了夜晚，

可到了晚上又继续做着白天的噩梦。到了第五天早上，老人眼前开始出现幻景。一会儿他像是在一个被遗弃的少先队夏令营里漫步，一会儿又像是听到小丘后面有运木材车驶过的轧轧声响。到了第十天，老人耗尽最后的气力，蜷着身子躺在软乎乎的苔藓上，在有气无力地等死。

可是老人的亲人和朋友并没放弃能找到他的希望，相信他还活着。他的亲属以及来自利雅迪村的医务人员和当地的孩子，都加入了寻找他的行列。他们的吆喝声震撼了利雅迪的大地，可老人就是听不见。一开始是矿石村的尼娜老奶奶感觉到有采蘑菇人走失的迹象，她闻到谷地里有一种蘑菇的腐烂味道。

老奶奶吓得跑回家，将这一情况告诉了孙子安德烈，后者召集了一伙人下谷地去寻找。7月22日晚上，他听到从树丛里传来微弱的"呼哧"声。原来老人的干瘦身子就蜷缩在树丛里。安德

烈马上回村去搬援兵，一个小时之后老人被送往医院。

记者前往探虚实

俄罗斯《共青团真理报》对鬼谷一再有人失踪感到好奇和忧虑，2004年复活节前夕派出记者尤里和萨沙前去探秘。

两位记者在最初的5个小时仿佛置身在魔幻童话般的森林里。不久，他们开始忐忑不安，因为发现所带的国产流体指南针

一个劲儿地朝四面八方乱摆，其误差大概有90度左右，有时甚至100度，最后干脆停摆。

后来，他们亲手做来测这一带生源性致病情况的超感知觉架，也是像转疯了的风扇那样转了一阵，最后飞入密林中，干脆连找都找不回来了。他们现在唯一定向标就只剩下苔藓了。

中学自然课的老师曾对他们说，长苔藓的地方永远是北方。但是这也帮不了什么忙。现在想走出"利雅迪三角"，唯一的希望就是那根指路的尼龙绳了。他们把脚步放到了最慢，边走边用棍子杵脚下的地。等绳子到了尽头，他们可真是吓坏了：绳子是中间断开的，另一头找不着了……

"瞧！那可是少先队夏令营啊！"萨沙突然叫了起来。可尤里根本就没看到什么夏令营。更有意思的是，去年夏天叶甫盖尼·叶甫盖尼耶维奇也看到了这个夏令营。可当他们走过这个海市蜃楼般的夏令营时，发现只有一块堆着木段子的林中旷地。天渐渐黑了下来。

他们只有在森林里过夜，天刚亮他们又往前赶路。直至快接近中午，他们才碰到一个人，向他询问了所在方位后一阵狂喜。他们原来在这一带转了一个大圈，已经离开先前要考察的鬼谷整整20多千米。

鬼谷奥秘待揭

俄罗斯科学院历史学、博物学和工程学研究所研究人员、工程学博士亚历山大·克赖涅夫说："从附近的那个矿石村名称来看，这一带有丰富的铁矿层，所以指南针才会胡乱摆。这里的地形特点又造成了能让你迷路的音响效果。如果没有方位物可供参照，人永远就只会在一个地方转圈儿，因为右腿迈的步子总是比左腿要大一些。"

这位无神论科学家的说法是无可挑剔的，但又怎么解释不同人所看到的那座废弃的少先队夏令营呢？

俄罗斯普斯科夫地区充满了一种神秘感：这么一个貌似平常的谷地自古以来却老爱闹"恶作剧"，使利雅迪及其附近的居民极度不安。因为经常发生人员无故消失时间，故得名利雅迪三角。

我还想知道

33

吞船的日本龙三角

可怕的日本龙三角

自20世纪40年代以来，无数巨轮在日本以南空旷清冷的海面上神秘失踪，它们中的大多数在失踪前没有能发出求救讯号，也没有任何线索可以解答它们失踪后的相关命运。

如果在地图上标出这片海域的范围，它恰恰是一个与百慕大极为相似的三角区域，这就是令人恐惧的日本龙三角。被称为"最接近死亡的魔鬼海域"和"幽深的蓝色墓穴"。经过科学论证，巨轮在此消失的原因为遇见了海啸。

沉船事件

1957年3月22日凌晨4时48分，一架美国货机从威克岛升空，准备前往东京国际机场，机组成员是67名军人。飞行时间预定为9个半小时，飞机上准备的燃料足够13个半小时的航程。

然而，这架美国飞机却永远没能降落到东京机场。搜救队在方圆数千千米的海面上来回搜索，最终无功而返。这架为战争而造，飞行条件几近完美的飞机究竟发生了什么事情，直至今天依然无人知晓。

1980年9月8日，相当于"泰坦尼克号"两倍大小的巨轮"德拜夏尔号"装载着15万吨铁矿石，在距离日本冲绳海岸200海里的地方。这艘巨轮的设计堪称完美，已在海上航行了4年的"德拜夏尔号"及全体船员失踪，消失得无影无踪。

2002年1月，一艘中国货船"林杰号"及船上19名船员，在日本长崎港外的海面上突然就消失了。没有求救呼叫，没找着残骸，货船就仿佛在人间蒸发了，人们无法知道他们遭遇了什么。

众说纷纭

连续不断的神秘失踪事件引发了人们的好奇，科学工作者们开始以不同的方法和不同的角度试图去揭开魔鬼海之谜。

流传最久的是海洋怪兽兴风作浪的传说，但在当代科技面前这一假设已渐渐退色。

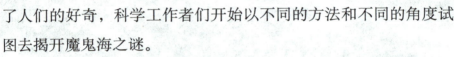

磁偏角说，磁偏角现象使航行中的船只迷航甚至失踪的假设也难以成立。磁偏角是由于地球上的南北磁极与地理上的南北极不重合而造成的自然现象，这种偏差在地球上的任何一个位置都存在，并不是日本龙三角所特有。

早在500年前哥伦布提出磁偏角现象后它早已成为航海者的必备知识，故它不可能简单地成为拥有现代化设备的船只迷航和沉没的原因。

飓风说，据海洋专家观测，强大的飓风经常在日本龙三角的海域中酝酿，这片不幸的海域是飓风的制造工厂，其温暖的水流每年可以制造30起致命的风暴。这一点可在那些失事船只最后发出的只言片语中得到印证。

于是有些专家认为是飓风使得那些过往船只的导航仪器在一瞬间全部失灵，最终导致船舶失事的。但是，当今大型的现代化船舶是按照能抵御最坏情况的标准制造的，按理说仅凭一场飓风并不能击沉它们。

我还想知道

日本海防机构每年平均要发布发生在日本周围海域约2500件海事事故报告。鉴于无法搜寻，使得大部分的官方报告只能将事故原因归于"自然的力量"，而就此终止调查。

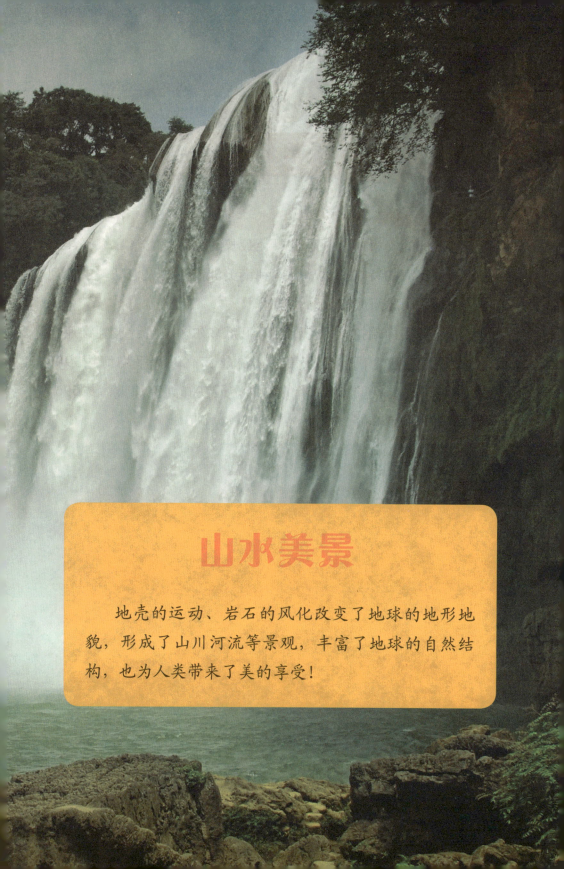

山水美景

　　地壳的运动、岩石的风化改变了地球的地形地貌，形成了山川河流等景观，丰富了地球的自然结构，也为人类带来了美的享受！

最长的安第斯山脉

美洲最高峰

南美洲的安第斯山脉是世界上最长的山脉。它紧靠太平洋，北起加勒比海的特立尼达岛，南到南美洲南端的火地岛，由几列相互平行的山脉组成，长约9000千米。

沿途有委内瑞拉、哥伦比亚、厄瓜多尔、秘鲁、玻利维亚、智利和阿根廷7个国家。安第斯山脉雄伟高峻，平均海拔3900米。山间有很多超过6000米的山峰，最高峰阿空加瓜海拔6964米，是美洲的最高峰。

安第斯山脉简介

安第斯山脉形成的年代较晚。它位于太平洋火山地震带上，地壳活动频繁，境内有很多活火山。山脉北端的科托帕希火山非常活跃，经常喷发。

海拔6800米的图彭加托火山，是世界上最高的活火山。最高峰阿空加瓜，还被公认为世界最高的死火山。山的东南两侧，有很多现代冰川和冰川湖，山麓设有温泉浴场。在火山区，白天云雾缭绕，晚上火光冲天，景象分外壮观。安第斯山区分布着大片茂密的森林，是亚马孙河等重要河流的发源地。石油、铜、锡、金银等矿产蕴藏量丰富。骆马是这里的著名动物。

安第斯山脉的组成

安第斯山脉不是由众多高大的山峰沿一条单线组成，而是由许多连续不断的平行山脉和横断山脉组成的，其间有许多高原和洼地。分别称为东科迪勒拉和西科迪勒拉的东、西山脉界线分明，勾勒出了该山系的主体特征。

东、西科迪勒拉总的方向是南北走向，但东科迪勒拉有几处向东凸出，形成形似半岛的孤立山脉，或像位于阿根廷、智利、玻利维亚和秘鲁毗连地区的阿尔蒂普拉诺那样的山间高原。

安第斯山区的主要矿藏有：有色金属、石油、硝石、硫黄等。有色金属矿多与第三纪、第四纪火山活动和岩浆侵入有关，特别是以矿脉和岩脉形式，侵入到上层的岩浆体。

我还想知道

不断长高的喜马拉雅山

地理位置

喜马拉雅山是世界上最高大最雄伟的山脉。它耸立在青藏高原南缘，分布在我国西藏和巴基斯坦、印度、尼泊尔和不丹等国境内，其主要部分在我国和尼泊尔交接处。

喜马拉雅山西起帕米尔高原的南迦帕尔巴特峰，东至雅鲁藏布江急转弯处的南迦巴瓦峰，全长约2500千米，宽200千米至300千米。主峰珠穆朗玛海拔高度8844.43米。

这些山峰终年为冰雪覆盖，藏语喜马拉雅即冰雪之乡的意思。珠穆朗玛是藏语第三女神的意思。她银装素裹，亭亭玉立于地球之巅，俯视人间，保护着善良的人们。时而出现在湛蓝的天空中，时而隐藏在雪白的祥云里，更显出她那圣洁、端庄、美丽

和神秘的形象。作为地球最高峰的珠穆朗玛峰，对于中外登山队来说，是极具吸引力的攀登目标。

世界屋脊

有"世界屋脊"之称的青藏高原，以及拥有世界最高峰珠穆朗玛峰的喜马拉雅山地区，早在距今1.5亿年前的三叠纪，还是烟波浩渺的古地中海的一部分。直至距今5000万年前的第三纪始新世时期，由于印度板块与亚欧板块冲撞，使古地中海东部的海底发生强烈的挤压，导致了喜马拉雅山从海洋中升起。

喜马拉雅山在第四纪的300万年中约上升了3000米，平均10000年上升10米；而最近10000年，它却上升了500米，即一年上升0.05米；至今，它还在以不易被人察觉的速度缓慢上升。

喜马拉雅山长高的研究

有科学家认为，喜马拉雅山的增高是以岩石和泥土的"叠罗法"形成的。当层层加码时，下面的岩石承受上面的压力逐渐加大，到达极限时，底下的岩石就要粉身碎骨，这一极限究竟是多少？一些研究者通过计算得出，地球上山脉的高度极限为10000米。喜马拉雅山究竟能长多高？喜马拉雅山能承受这一最高界限吗？最终要解开这个谜，还需要研究者深入地探讨。

> **我还想知道**
>
> 喜马拉雅山5000米以上的冰雪表面，常点缀着血红色的斑点，这些红斑点在永久性冰雪中，高原藻类分布广，耐寒性强，零下36度也不至于死亡。因其含有血色色素，故呈红色。

神秘的毕卡里林裂谷

地理位置

毕卡里林裂谷是位于非洲北部角落有一个叫毕卡里林的少数民族，这个民族世代都供奉着他们的一块圣地。

因为就是这片圣地世代守护他们的族人，所以他们称这块圣地地带为"仙界"，这带仙界就是位于他们村落前面的一条裂谷"毕卡里林裂谷"！

神秘的毕卡里林裂谷

毕卡里林裂谷充满着无数神秘的色彩，它是毕卡里林族人的

保护神，也是毕卡里林族人的衣食父母，据说，凡是外族人，如果得不到毕卡里林族人的许可擅自经过这条"毕卡里林裂谷"，最终都只会回到起点，永远也不会越过这条宽度只有两百多米的裂谷。

而且，部落方圆百里，基本上都是寸草不生，只有这条裂谷鸟语花香，并孕育着各种奇珍异兽，所以，族人的所有食物来源都由这条裂谷供给。

毕卡里林裂谷养育了世世代代的毕卡里林族人，也保护了世世代代的毕卡里林族人，让族人们与世无争地度过了每一个年代！多年来，也引起了众多的探险家，科学家的兴趣，但是至今还没有实际的研究成果，令到毕卡里林裂谷依然是个谜！依然保持着它的神秘色彩！

裂谷在板块构造学是大陆崩裂、大洋开启的初始阶段，是洋盆的雏形，但并非都会演化发展成为大洋。当裂谷中止伸展开裂，停止发育，则裂谷坳陷就可被各类岩石所充填而失去构造形态特征。

我还想知道

45

水往高处流的怪象

地球上的强外力场

宇宙中最强大的引力场，据说就是黑洞，它所产生的引力使光都无法逃脱。正是这番缘故，科学家到现在还无从确认，这种极端黑暗的天体残骸究竟存在于何处。不过，人们已经发现在地球上，也存在着某种强外力场，被猜测得最多的是百慕大三角。但是还有非洲西诺亚洞中的"魔潭"。

洞中的魔潭

西诺亚洞是津巴布韦境内的一处古人类穴居遗址，它是由明暗两洞及两洞间的一个深潭组成的。深潭位于一个竖井般直伸地面的石洞底部，距地面数十米。一潭深蓝色的清水，宛如一块巨大的宝石晶莹闪光。石洞直壁上有洞穴同明暗两洞相望，石洞的下部有一穴口，潭水从这里流出，绵延形成长达15千米的地下河。洞中的深潭为什么有魔潭之称？原来它有一种魔法般的引力。明明潭面只有10余米宽，按理说将一块石头从水潭的此岸扔向彼岸的石壁，不该费什么力气。可事实上连大力士都绝对无法将石头扔过去，飞石一过潭面必定要下坠入水。

确有不服气的，人力不行，就借助于枪械。但一颗子弹射出去，同样不能击中深潭对面的石壁。就如同被什么神力吸住了似的，子弹往下一栽坠落潭中。这样的实验已进行过无数次。西诺亚洞中魔潭的这种神奇得令人难以置信的引力由何而来？直至今

天，没有人能够去揭开这个秘密。

逆流河

地球上类似的重力之谜很多。谁都知道，地心引力制约着地球表面物体的运动，河水因此也只往低处流。可是，如果你有机会到台湾屏东县一条公路附近开辟的观光点去看看，就会怀疑地心引力在此地是否失常了。

在这里，不得不睁大眼睛，有一股河水分明是傍着山脚往上流去的，是名副其实的逆流河。真是奇怪。看到四周的游客们在为水往高处流的奇景而咋舌时，你又该作何想呢？

我还想知道

新疆有很多古怪的地方，让人无法想象也难以琢磨。在克孜勒苏柯尔克孜自治州乌恰县托云乡，就有这样一些奇怪的泉水，不停地喷吐着"酸奶"、雾气和炫目的色彩。

南极冰层下的东方湖

未被污染的湖

1993年11月23日，英国和俄罗斯科学家，召开南极东方湖地球物理学研讨会。通过雷达、人工地震测定的数据分析，加之以往经验的积累，测出南极冰层下有一个东方湖。

东方湖位于南极俄罗斯东方站附近，在4000多米厚的冰层下面封藏了50多万年。其面积与安大略湖相近，约250千米长，50千米宽。

这个深湖被一座山脊分为南北两个部分。北面水深400米，南面水深800米，东方湖的面积约为15690平方千米。蕴含淡水约

5400立方千米。东方湖的面积是贝加尔湖的1／3，是地球上极大的地下水资源。

2005年5月还发现湖中央有一座岛。科学家们认为，这是地球上最有科研价值的未被污染的湖泊。

浩渺之湖

按常理说，冰盖底部的温度，应该是冰点以下负几十度，是不应该有水存在的。后来经分析认为，底部含水的冰层可能是受上部冰重压力，在高压下使冰消融变成水层。这种现象在现代冰川学里称为压力消融。

然而，仅仅是压力消融，就能形成这么浩大的湖泊吗？显然难以令人相信。于是，这些学者们又提出了地热融化之说，即从地球内部涌出的地热，使冰盖底部融化形成浩渺之湖。

地球内部的热不断从地球表面释放，就像人体散热一样。由

于在冰盖岩盘打孔很困难，所以这个热流在南极大陆还没有准确的测定。而只有在美国默多站和日本昭和站测量过，表明南极地区的地热极为微弱。

探究成因

综合分析认为，南极大陆地壳热流量，应该比全球的平均值低得多。据此，另一学派就提出了反问，地热温度不高的南极大陆，其冰盖下的冰怎么能被地热融化呢？

东方湖的形成究竟是压力消融，还是地热融化，是两者同时作用，还是有先有后有主有次，或者是别的什么原因？这都是一个谜，有待于做深入研究。

现在，有许多学者多次组织打钻。但也有部分学者认为，由

于湖水受到很高的压力，担心从钻孔里可能吸不出水来。

  当然，已经有许多科学家，对湖水展开了丰富的联想。有的在考虑湖水的成分，即水中有无生命存在；有的想通过湖底沉积物，搞清湖泊的成因和古代环境；也有的想通过东方湖，找到南极在冰川期前人类活动的遗迹，从而揭示南极古地图的来历。总之，目前东方湖之谜还尚未破解。

  恩里基洛湖位于多米尼加共和国，是世界上仅次于东方湖的怪湖之一。通常，只有少数生物能够在咸水湖里生活。而恩里基洛湖就是一个咸水湖，是世界上为数不多的有鳄鱼栖息的咸水湖之一。

匪夷所思的粉色湖

赫利尔湖的发现

英国航海家及水文学家弗林德斯，1820年在测量海岸线途中曾来到过这里。后来他对岛上的粉红色湖泊，进行了文字记载。

赫利尔湖位于澳大利亚的米德尔岛上，湖面呈椭圆形，湖水呈粉红色，有人将其形容为一块蛋糕上的糖霜，它看上去更像一

位巨人留在绿色厚地毯上镶白边的脚印,这为米德尔岛森林茂密的一角平添了几分奇异色彩。

赫利尔湖是咸水湖,宽约600米,湖水较浅,沿岸布满晶莹的白盐,湖的四周是深绿色的桉树和千层木林,在森林以外则是一条狭窄的白色沙带,将湖与深蓝色的海水隔离开来。从空中俯视小岛,深蓝,深绿,粉红以及白色形成对比,使赫利尔湖更为惹眼。

难解之谜

这个听起来匪夷所思的湖泊,引发了人们极大的兴趣。湖水究竟为什么会呈粉红色?为了找到答案,1950年,一批科学家开始调查湖水呈粉红色的原因。

来调查的科学家们本来打算在湖水中寻找一种水藻。通常在含盐量很高的咸水中,这种水藻会产生一种红色色素。例如澳洲大陆上埃斯佩兰斯附近,就有这么一个湖,其湖水就是因这种水藻而变红的。

然而在赫利尔湖,取了数次水样进行分析,没有发现藻类。所以,此湖为何呈粉红色,至今仍是个谜。

我还想知道

印度尼西亚有一个五彩湖,位于克利托摩附近。湖泊被重叠的群山所包围。湖水的一边泛映着鲜红血液似的色泽,中间的湖水相衬出深绿色,而另一边湖水又是另一种草绿的色泽,十分迷人。

呼风唤雨的迷湖

迷湖特点

我国云南省怒江西岸的高黎贡，由于地处亚热带山区，又因山势较高，山顶上常有积雪冰川。融化后的冰水，汇成了几十个嵌布于莽莽森林中的湖。这些湖却具有令人迷惑不解的现象。

之所以说这些湖泊奇异，是因为不论是谁，只要站在湖边大声说话或发出其他响声。就会使本来晴朗的天空，瞬时变得乌云密布，狂风骤起，大雨倾盆。

迷湖风景

迷湖现称为听命湖是著名的旅游景区。听命湖的湖水是由雨水和融雪汇集而成的，清幽幽的湖水碧波荡漾宛如一块晶莹无瑕

的蓝宝石。

　　蓝蓝的天空、白白的云朵，以及四周那青青的山峦、绿绿的松杉竹林、多彩的碧草山花，静静地倒映在湖水中，真是一片秀美绝伦的景致。

　　野生动物在听命湖四周栖息游荡，国家保护珍稀动物：灰腹角雉、山驴、金丝猴、小熊猫、羚羊等就常年生活在这里。

　　湖区的景色随着四季的变化而不同。春天，雪山融化的涓涓雪水汇入湖中，漫山的杜鹃点缀四野，这里是一片苏醒的野生动物的乐园；夏天，葱绿的林间百花盛开，云海茫茫；秋天，碧蓝的湖水倒映着岸边金黄的树叶，秋高气爽；冬天，寒凝大地，这里一片宁静。

神秘色彩

　　听命湖笼罩着神秘的色彩，人们到这里只能轻声细语地说话，如果大声叫喊，顷刻间便会风雨交加冰雹突然而至。

过去，凡遇到大旱之年，山下的百姓就准备好祭祀品和雨具，到听命湖畔祈求天神降雨。人们摆好祭品，搭好雨棚，然后载歌载舞，瞬息，听命湖上空便乌云翻腾，风雨随之而来。

人们的推测

有人推测这与当地的地形和气候条件有关。这里每年的4月至11月为雨季。平时空气湿度很大，到了夏季气温升高，一些谷地的上空气温可高达40度左右，这就使空气中有可能保持极高的湿度。

但是，这里的湖水因源自山顶的雪水，温度很低，从而在湖面上保持了一个低温层。由于这些湖泊处于山谷低处，平时很少

　　有风，这使湖面的低温层与上空的高温高湿空气层，能保持极不稳定的平衡。

　　因此一旦有外界的声浪冲击，就会导致上下空气层的剧烈对流，造成狂风。高湿度的热空气遇到冷空气又迅速凝结成水滴，就产生了大雨。但至于这一推测正确与否，还有待于进一步的考察证实。

　　喀纳斯湖另一奇观是湖中有巨型湖怪。据当地图瓦人民间传说，喀纳斯湖中有巨大的怪兽，能喷雾行云，常常吞食岸边的牛羊马匹。近年来，有众多的游客和科学考察人员从山顶目睹。

我还想知道

奇异的贝加尔湖

贝加尔湖的谜团

在俄罗斯西伯利亚东南，有一个全世界最大的淡水湖，叫贝加尔湖。在西伯利亚人眼中，贝加尔湖是一片神圣不可侵犯的"荣耀之海"。

就是这样一个极富吸引力的蓝色深湖，蕴藏着无尽的奇特谜团。这些谜团就像贝加尔湖本身一样，变幻莫测。

月亮湖

　　贝加尔湖是世界上最深、蓄水量最大的淡水湖。　位于布里亚特共和国和伊尔库茨克州境内。湖狭长弯曲，宛如一弯新月，所以又有"月亮湖"之称。

　　贝加尔湖长636千米，平均宽48千米，最宽79.4千米，面积3.15万平方千米，平均深度744米，最深点1620米，湖面海拔456米。

　　贝加尔湖湖水澄澈清冽，而且稳定透明，透明度达40.8米，居世界第二。其总蓄水量23600立方千米。贝加尔湖平均水深730米，最深1620米，两侧还有1000米至2000米的悬崖峭壁包围着。

在贝加尔湖周围，总共有大小336条河流注入湖中。最大的是色楞格河，而从湖中流出的则仅有安加拉河，年均流量仅为每秒1870立方米。湖水注入安加拉河的地方，宽约1000米以上，白浪滔天。

荣耀之海

贝加尔湖存贮的淡水占世界淡水总量的1/5。世界上的一些著名湖泊，水量几乎都是逐年减少。可是，贝加尔湖却在逐年增加。

整个湖区以及附近一带生活着1200多种动物，生长着600多种植物，其中2/3是地球上其他地方几乎没有的特种生物。有些生物只有在几万年，甚至几亿年前的古老的地层里，才能找到与之类似的化石。

种类繁多的生物群

英国研究员发现，一般湖泊深到两三百米时便少有生物。贝加尔湖却是特例，湖深处含氧丰富，生物种类奇多。甚至在1600米的底部，仍可见到大量生物群。

这可能是因为湖面强风吹袭，再加上每年大批沉入湖底的碎冰带来足够的溶氧，才使得湖底蕴藏生机吧！贝加尔湖内特有的底栖生物含量之丰，也令人惊叹。欧洲湖泊像虾状的扁形虫总数只有11种，而贝加尔湖却高达335种之多。

揭秘奇湖

俄罗斯学者萨匀基襄认为，贝加尔湖有类似海洋的一些自然条件。如贝加尔湖非常像海洋盆地，所以许多淡水动物的身上，产生了像海洋动物一样的标志。

湖中的海洋生物到底从何而来，它们又是怎样进入湖中的呢？苏联贝尔格院士等人认为，只有海豹和奥木尔鱼是真正的海洋生物。它们可能是从北冰洋，沿着江河来到贝加尔湖的。然而，关于贝加尔湖特有的生物来源问题，至今没有明确答案。

冬天贝加尔湖面的冰是隐形杀手。19世纪末，一队雪橇商队就从冰面上沉入深渊。湖面的冰虽然很厚，有些地方厚达一米，但它们并不是一个整体，冰块间有缝隙，有的缝隙整个冬季都不结冰。

我还想知道

自然界的五彩湖

五彩湖

在四川省西北部的岷山绵亘千里的雪山和森林之间，镶嵌着许多秀丽的明珠。有的湖泊，湖水泛映出红、橙、黄、绿、蓝等5种色彩，十分绚丽，仿佛是个童话世界。这就是五彩湖。

岷山北坡南坪的九寨沟，两边雪山和原始森林夹峙着，那雪水汇成的清溪，顺着台阶般的由沟层叠流泻，时而奔腾飞溅，时而汩汩流淌，把九寨沟108处断崖洼地，连成了一长串彩色明珠和一道道瀑布。

108个湖泊有大有小，最大的长7000米，宽300米。湖水都很清澈，雪峰和翠林的倒影，交相掩映。大小游鱼，历历可数。两

岸树林下，奇花异草繁茂，殷红的山槐，姹紫的山杏，微黄的椴叶，深橙的黄栌，把湖面辉映得五彩缤纷。

解密五彩湖

为什么湖泊会多彩而变色呢？原来，阳光透过林梢洒向湖面，湖水明澈如镜，倒映出林梢的绚丽色彩。加上湖底的石灰岩层次高低不同，有深有浅，本身颜色有别。还有水里的水藻。反射上来，就形成了极为丰富的色彩

岷山南坡松潘黄龙寺风景区的五彩湖，就更奇特了。从山腰到山麓，有一条长7000米多的岩沟。

溪水沿着山坡蜿蜒而下，在阳光映照下，仿佛一条金黄色的彩带在漂动，两端都有成串明珠般的五彩湖。

五彩湖中的湖床是乳色和米黄色的石灰岩，宛如精美玲珑的玉石雕刻。它们形状千姿百态，有的像葫芦，有的像壶、盆；有的像钟、鼎，有的像莲瓣、菱角。

水色五彩纷呈，滢红、漾绿、泼墨、拖黄，艳丽如锦。人们用手捧水，湖水又变得无色而透明了。

水里有多种矿物质表面张力大，把硬币投进湖水，它会几经浮旋久久不沉。

有个五花湖，从山腰俯瞰，仿佛一个色彩斑斓的水晶宫。水面上，有的地方显露出海蓝色，有的地方呈现着翠绿色，有的地方辉映成橙黄色。人们以石击水，样子宛如一道道美丽的彩虹。

我还想知道

火湖和熔岩湖

火湖介绍

在拉丁美洲西部印度群岛的巴哈马岛上，有一个奇妙的火湖。湖水闪闪发光，就像燃烧的火焰一样。

夜间船只在湖上行驶，船桨会激起万点火光，船周围也会飞起美丽的火花。有时，鱼儿跃出水面，也带着火星。

为什么奇异的火湖，会发出灿烂的火光，却又不会灼伤游水者和鱼群？

其实，这些火光和火花都不是火，而是湖中大量繁殖的一种

海洋生物甲藻。原来，这是生物发出的一种冷光。火湖位于靠近北回归线的温、热带交界处，气候温暖，湖水又与海水沟通，因此繁殖了大量的海洋发光生物，即甲藻。

甲藻是一种只有几微米大小的单细胞微生物，体内含有较多的荧光酵素，当它在水中受到扰动刺激时，就会发光。所以，当船桨划动，鱼儿畅游时，就会发生氧化作用，而产生五光十色的火光。

熔岩湖介绍

巴哈马的火湖，是一种假象的火湖。世界上还有真正的火湖，这就是火山岩浆形成的熔岩湖。

最著名的熔岩湖，位于太平洋上夏威夷岛的基拉韦厄火山。基拉韦厄火山是夏威夷三个活火山中最小的一个，海拔约1300米，火山口直径约有5000米，深约1000多米，就像一口大锅。在这口大锅里，有3个呈串珠状排列的杯形洼地，里面经常翻滚着炽热的岩浆，于是就形成熔岩湖。湖里的岩浆时而涌起，时而下降，深度经常发生变化。

每当火山活动强烈时，便有大量的岩浆像喷泉似的喷上天空。有时岩浆还从湖口外溢，流向四方，形成熔岩河、熔岩瀑布等奇景。

我还想知道

熔岩湖能长期保持炽热状态，就是因为地底有源源不断的岩浆。如果在夜晚登上基拉韦厄山顶，俯视下面的熔岩湖，就会看见整个湖面就像一个发光的网，上面点缀着辉煌的灯光，令人目眩。

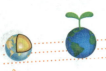

各种各样的河

美味河

云南省元阳县马街乡老丙寨子脚有一条小河，河中的水被称为龙漂水，河水细细的、清澈晶莹。更奇特的是，用这里的水煮饭，松滑可口。在那儿常常可见附近的傣族人民，手提罗锅，到那儿品尝"粉红米饭"。

珍珠河

甘肃省有一条洮河，它是黄河上游的支流，经过临洮县，在永清县城附近汇入黄河。1989年春节前后，洮河出现了"流珠"奇观：从九旬峡至刘家峡数百里长的河面上，无数冰珠随水涌流，昼夜不停，观者无不叫绝。

临洮县城紧靠洮河，从城外洮河的东岸远望上游，但见碧水滔滔，银光闪闪。可闪光的并非水花，而是一个个圆润晶莹的冰珠，大的像樱桃，小的像豌豆，或聚或散，随波逐流，碰着岸边

薄冰，发出动听的声音。

河水汇入刘家峡水库时，在水库入口处还形成半径为30多米的"珍珠扇面"。洮河为何会出现这种景观呢？

原来它海拔1800多米，在滴水成冰的季节，水珠便变成冰珠，瀑布河又成了珍珠河。

双色溪

闽西梅花山自然保护区，有条水质洁净而奇特的"鲜水溪"。溪水呈现两种颜色，一边为洁净碧透的鲜水，另一边则是浮现乳白色絮状物的混水。两水缓慢交融，流过数十米溪滩之后，合为一溪碧水。不管旱季雨季，都是如此景色。但两色溪是如何形成的还有待研究。

石头河位于保加利亚首都索菲亚城南的维多莎山上。沿着弗拉达依河顺流而下，便可以看到：无数巨大的岩石紧紧依偎，从山顶直至山腰形成一条石头河，河边总是游人如织。

我还想知道

形形色色的河

酸河

在哥伦比亚东部的普莱斯火山地区，有一条雷欧维拉力河，全长580多千米。因为河水里约含8%的硫酸和10%的盐酸，成了名副其实的酸河，河水中无鱼虾及水生植物。

这条河河水不仅味酸，而且刺激性强。经探测证明，河床中有不计其数的又深又长的穴道直通火山区。河水的酸性，可能是火山爆发时排出的燃烧物和硫酸、盐酸等物质，经由河床穴道渗入河中所致。

甜河

处在希腊半岛北部，有一条奥尔马河，全长50余千米。河水甘甜醇口，有某些地段其甜度甚至可与甘蔗汁相媲美。

地质学家认为，甜河的形成是因为河床的土层中含有很浓的原糖晶体的缘故。另外，这条河尽管很甜，但当地人都不敢把它当糖水喝。

苦河

印度孟买北部有一条河，河水之苦赛过黄连，所以人们称之为苦河。究其原因，是河床深处的"苦石"结构所致。也正因为河水苦，各制药厂争先恐后地争夺河水，造成水位急剧下降。

香河

香河位于西非的安哥拉境内，原名勒尼达河。它仅长6000米，河水香味浓郁，百里之外也能闻到扑鼻奇香。

据说，香河之所以香有两个原因：一是河底生有很多能在水中开的花，花的香味散发出来溶于水中；二是河底的泥沙含有香味。但是真正的原因人们还没有搞清楚。

彩色河

它是位于西班牙境内的延托河。河的上游流经一个含有绿色原料的矿区，河水呈绿色。往下有几条支流经过一个含硫化铁的地区，水变成翠绿色。流入谷地后，一种野生植物又把它染成棕色和玫瑰色。再往下，流经一处沙地，河水又变成了红色。该河也被称为变色河

希腊有条奇特的阿瓦尔河。河水每昼夜4次改变流向：6小时流向大海，接着6小时又从海里倒流回来，再接着6小时又流向大海……如此往复。科学家认为，这是因为受到爱琴海潮汐的影响。

我还想知道

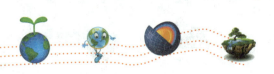

神奇的子母河

河的神奇之处

额尔齐斯河这条河的神奇之处，在于它能促进人畜生育。鸡、鸭、鹅喝了这条河的水能多产蛋。长期不孕的妇女坚持饮用这里的水能够怀孕生育。

20世纪50年代初期，可可托海矿区有不少苏联专家。他们在苏联生活时，有好几个人的妻子长期不育。到这里生活几年后，都有了孩子。

20世纪60年代初期，新疆可可托海矿区一名炊事员，婚后20年没有孩子。他把妻子接到矿区后，开始饮用额尔齐斯河的水，

不到两年时间，他妻子就生了一对龙凤胎，两人十分高兴。

在神话小说《西游记》中，曾有过关于子母河的描述，没想到在现实生活中还真有如此神奇的河。

神奇河水的奥秘

那么，额尔齐斯河中上游的河水为何这般神奇？原来，这条河中上游属于高山严寒地区，雪水是额尔齐斯河的重要水源。雪水中很少含有重氢。从医学上讲，重氢对妇女生育是有很大害处的。所以，常饮高山雪水，有利于妇女生育机能的恢复。

我还想知道

子母河在西游记中提到西凉女国没有男子，女子成年后就可以去取子母河水吃，吃过即可怀孕，唐僧和八戒不知就里，误吃了子母河水，最后还是悟空去解阳山，取了落胎泉水，才度过此难。

世界上河流的补给

雨水补给

世界上众多的河流，由于所处的地理环境不同，补给源也不同。河流补给源可分为地表水源、地下水源两大类。

在热带、亚热带以及温带地区，雨水是绝大多数河流的主要补给源。在我国的淮河及长江以南的河流，都属雨水补给为主的河流。

这些河流的水量及其变化，主要取决于流域降水的多少。

融雪水补给

在高纬和中纬度寒冷地带，则主要依靠冬季降雪至春夏融化后补给河流。

融雪水补给为主的河流水量及其变化，与流域的积雪量和气温变化有关，一般流量变化比较稳定而有规律。

积雪和冰川补给

那么高山和极地地区的河流呢？它们主要依靠永久积雪和冰川消融的水来补给。

这类河流的水量及其变化，决定于流域内永久积雪或冰川储量的大小和温度的变化。这种河流量变化较小。我国新疆的塔里木河就属于这一类。

湖泊沼泽补给

有些河流直接发源于湖泊或接受沼泽水的补给。如松花江源于长白山天池，同时也接受沼泽水的补给。一般说，这种河流常年水量变化较小。

可见，河流补给源的类型是多种多样的，雨水并不是河流唯一的补给源。实际上，几乎所有河流都接受至少两种以上的补给。

降雨或融雪水渗入地下，再以地下水流的形式补给河流，这是一种最稳定的补给源，可使河流在没有地表水补给的枯水季节也不断流。

我还想知道

人类的固体水库

冰川的形成

冰川是水的一种存在形式，是雪经过一系列变化转变而来的。要形成冰川，首先要有一定数量的固态降水，包括雪、雾、雹等。没有足够的固态降水作为原料，就等于无米之炊。

冰川存在于极寒之地。地球上南极和北极是终年严寒的，在其他地区只有高海拔的山上，才能形成冰川。人们知道越往高处温度越低，当海拔超过一定高度，温度就会降到0度以下，降落的固态降水才能常年存在。

这一海拔高度，冰川学家称之为雪线。在南极和北极圈内的格陵兰岛上，冰川是发育在一片大陆上的，所以称之为大陆冰川。而在其他地区冰川只能发育在高山上，所以称这种冰川为山岳冰川。在高山上，冰川能够发育，除了要求有一定的海拔外，还要求高山不要过于陡峭。

雪花一落到地上就会发生变化，随着外界条件和时间的变化，雪花会变成完全丧失晶体特征的圆球状雪，称之为粒雪，这种雪就是冰川的原料。

积雪变成粒雪后，随着时间的推移，粒雪的硬度和它们之间的紧密度不断增加，相互挤压，紧密地镶嵌在一起，孔隙不断缩小，以致消失。雪层的亮度和透明度逐渐减弱，一些空气也被封闭在里面，这样就形成了冰川冰。

冰川冰最初形成时是乳白色的。经过漫长的岁月，冰川冰变得更加致密坚硬，里面的气泡也逐渐减少，慢慢地变成晶莹透彻，带有蓝色的水晶一样的冰川冰。冰川冰在重力作用下，沿着山坡慢慢流下，就形成了冰川。

移动的冰川

冰川是移动的，但它移动的速度是非常慢，这跟地形坡度有直接关系。如珠穆朗玛峰北坡的绒布冰川，年流速为117米，是我国流速最大的冰川。同样是珠穆朗玛峰的大冰川，有的几乎纹丝不动。

冰川移动的原因，是因为冰川身体的空隙里包含着水。在压力和斜度影响下，水像润滑油一样，促使冰川向下移动。

冰川的类型

根据冰川的形态和分布特别，可分为大陆冰川和山岳冰川两大类。大陆冰川又叫冰被，它是冰川中的"巨人"，多出现在两极地区。

大陆冰川不受地形的影响，由于冰体深厚巨大，使得地面的高低起伏，都被掩盖在整个冰川之下，表面呈凸起状，中间高，四周低。

如格陵兰冰川整个面积为165万平方千米，占格陵兰总面积的90%，中心最大厚度达180米，边缘45米。这类冰川在世界冰川中所占面积最广，其中以南极的大陆冰川为最大。山岳冰川发

育于山地，形态常受地形的影响，比大陆冰川小得多。它们有的蜿蜒千里，静卧幽谷；有的气势磅礴，如瀑布直泻而下。尤其是那些冰川上的冰塔、冰洞，千姿百态，形态各异。

我还想知道

冰川像一个固体水库，储存着大量的淡水，可以用来开发干旱地区，改造沙漠，发展农业生产。冰川如果全部融化，那么海平面将上升80米至90米，地球上所有的沿海平原都将变成汪洋大海。

神秘的中国奇泉

药水泉

位于吉林长白山白头山下。泉水主要成分是游离二氧化碳、重碳酸根及镁、钠、钙，对胃炎、消化不良、高血压等有疗效。

喊泉

位于安徽省寿县以北5000米的地方。当有人站在泉边大声叫喊时，泉水就会大股涌出；如果小声叫喊，泉水则小股涌出。

喷乳泉

广西壮族自治区桂平县西南麓有口宽、深各两尺的喷乳泉。每天早、晚9时左右，泉水如鲜乳一样，莹白夺目，随后又渐渐地清澈透明。

托币泉

在杭州西湖的虎跑泉，泉水表面张力大。将水装入杯中，投数枚钱币于杯水中不沉，水可高出杯口两三毫米而不溢出。

烟火泉

位于台湾省台南县境内。泉水温度高达75度，泉水既咸又苦，只要划根火柴伸到水面上，会顿时烟火腾空，因而也被称为"烟火泉"。

毒气泉

位于云南省腾冲县城。泉井无水，却可见到硫黄结晶等物

质，并经常发出二氧化硫等气味。

姐妹泉

在河南省郑州西南郊的三李村，有一对泉水，相距不远。一个温度在32度以上，称为温泉；一个温度在18度以下，称为冷泉。

报时泉

位于美国西部落基山脉的黄石公园。它每隔一小时就喷发一次，每次喷4分半钟。就像向游客报时一样。它从不失约，已经有规律地喷发了400多年。

三餐泉

在南美洲乌拉圭的南格罗湖畔。它是一个罕见的间歇泉，它每天喷射3次。第一次在早晨7时，第二次在中午12时，第三次在晚19时。由于这三个时间恰恰是当地居民吃早餐、午餐和晚餐的时间，因此，这个喷泉被人称为三餐泉。

含羞泉：我国四川广元龙门山的一眼泉，对外来的振动波动十分敏感，当人们投石进水，水会蜷缩倒流，停一会儿又会自动流出，颇有含羞草之情态。

我还想知道

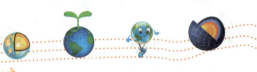

各种各样的怪井

会吸人的井

广东省饶平县柘林乡的海滩上，有3口神奇的井，井沿周长约300余米，它们南北排开，就像个"目"字。潮涨潮落，泥沙始终没能把它填平。

井里长年有泡沫溢出，人误踩中就会遭到不幸。据说这井虽然浅可见底，但会将人往下吸，因而外地船只不敢进入井区。

另外，井区还有奇观：每当大海刮风起浪，浑浊排空之时，

井区却出奇的平静，微波粼粼；而每当大海风平浪静，海面一平如镜时，井区却波涛汹涌，似锅水刚开。接近井区边缘，水温逐渐升高，即使寒冬腊月，水温仍然和暖，夏秋则特别烫热。

凉水变热水的井

2008年7月22日晚上20时，安徽省马鞍山市金家庄区慈湖乡同意村韩昌宝给报社打来热线："你们快过来看看吧！这可是怪事。"

记者走进这个普通的农家。在一处黑色的软管前，韩昌宝打开了墙上潜水泵的开关。不一会，怪井里的水顺着软管缓缓流出，阵阵热气顺着水流在空气中弥漫。

"这水现在估计有60多度，而且越来越烫。"韩昌宝说。韩昌宝的这口井已经打了快10年了。10年间，井水一直冬暖夏凉。韩昌宝告诉记者，这口井一共有6米多深。当时打井打到2米的时候，已经有水逐渐地往外冒出。

那天他正在用井水洗衣服，发现水突然变温了。当时以为是天气炎热，也没太在意。可是后来水温越来越高，看着60多度的井水从软管里汩汩往外冒，他也就不知道是怎么回事了。

我还想知道

海南省澄迈县福山镇红光农场有一口古老的怪井，井内地平面上总是不断冒出大量清水，即使周围砌了3米高的井堰，井水仍会自动"爬"过井堰流出来。

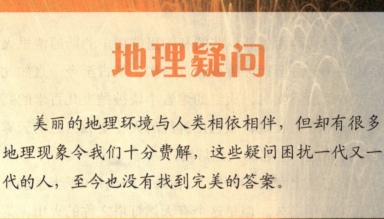

地理疑问

　　美丽的地理环境与人类相依相伴，但却有很多地理现象令我们十分费解，这些疑问困扰一代又一代的人，至今也没有找到完美的答案。

火山为何定时喷发

定时喷发的火山

在意大利西西里岛以北的利帕里群岛中的斯通博里火山，每天大约隔10分钟至15分钟就喷发一次。从古至今一直如此，从未改变过。每次喷发时，火红的熔岩小块被抛上几百米的高空，在夜空中显得极为壮观，颜色由鲜红的火花变成白色的云雾。因此是地中海航道上有名的天然灯塔。

由于它高出海面900多米，在海上距离150千米就能看见，至今已有2000年之久。但是这个有天然灯塔之称的火山，为何如此有规律地喷发？其中的奥秘人们还不清楚。

马荣火山

在亚洲南部的菲律宾群岛中，也有一座定时喷发的活火山，这就是马荣火山。马荣火山坐落在菲律宾最大的岛屿吕宋岛的东南端，海拔2462米，占地250平方千米，缓缓的山坡匀称和谐，它的圆锥形外貌要比日本的富士山更为完美。远远望去，就好像是农夫的一顶斗笠，戴在葱绿的椰林稻田之上。

马荣火山概况

马荣火山是座活火山，一年四季蒸汽源源不绝地从喷口逸出，经常凝成朵朵白云，遮住山头，山顶烟雾缭绕。晚间，火山喷出的烟雾呈暗红色，整个火山像座三角形的烛台，耸立在夜空中闪闪发光。人们处身其间，宛如进入蓬莱仙境。

当马荣火山即将喷发时，火山口会"隆隆"作响，喷口不时冒出大量气体并夹杂着少量火山灰，有时还伴有轻微地震。人们收到这警报后，就忙碌开了。

居住在马荣山麓依靠肥沃火山灰种植为生的居民，不得不扶老携幼纷纷疏散，暂避他处。而马荣火山附近的旅游城地维市，却忙着做准备工作，以便迎接来自世界各地的旅游者和火山研究工作者。

有经验的居民能从火山地面大小的形变，突如其来的隆起和凹陷，从震前的"隆隆"响声，从火山口喷出的气体的多少及成分的变化，乃至从火山口喷出泥沙的多寡，来准确预报火山喷发的日期。

我还想知道

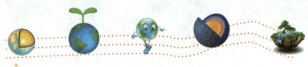

火焰山火红的奥秘

火焰山为什么是火红的

火焰山全部是由红色的砂岩和页岩组成。这些砂岩和页岩，是距今2.1亿年至7000万年的地质时期堆积而成的。那时期，气候异常炎热，堆积的沙石泥土都经过高温氧化，大雨淋溶，形成了大量红色的氧化铁。

这些堆积物在喜马拉雅造山运动时，褶曲隆起，把石化了的岩石抬升成山，兀然崛起在沉凹的盆地之中，构成了火焰山山体的火红底色。当然了，火焰山的火红还有自然环境作为衬托。

火洲吐鲁番

吐鲁番盆地高温火热，焚风盛行，是我国西部"火炉"之

一，元代就有人称吐鲁番为火洲。这里的岩石风化，风蚀强烈，山石造型奇特，层峦叠嶂，悬崖峭壁。

这里山上寸草不生，沟壑滴水不流，山麓砂砾成堆。在一望无际的灰白色戈壁沙滩的映衬下，火焰山红色山体分外醒目。盛夏时节，晴空万里，气温特高。灼人的阳光照射在火焰山的红色岩石上，红光闪耀，云焰缭绕，好似熊熊烈焰。

当人们远眺这赤峰秃岭，好似火焰喷燃，又似火云蒸腾。人们也会把这红色的山，看做是喷射着火舌的火焰山的。当然，火焰山并不能喷火，喷火是人们在特定的环境条件下的一种幻觉。

赤峰火焰山：位于内蒙古赤峰市东北2000米处，海拔仅650米，但方圆却有6.67平方千米，规模宏大。火焰山以红色的花岗岩反射阳光而闻名遐迩。这座火焰山又称"红山"。

我还想知道

为什么会有万烟谷

万烟谷的发现

1916年，科学考察队来到阿拉斯加的卡特迈火山，发现这座早在几年前已经停止喷发的火山，依旧是烟雾缭绕，热气腾腾，草木不生，许多裂缝还在冒烟。

原来，卡特迈火山曾在1912年6月6日发生过大爆发，爆炸声远在千米外都能听到。火山爆射出的火山灰，冲入大气层估计达180亿立方米，把周围100多千米内的天空变得一片漆黑，形成的黑夜持续了60个小时。

火山爆发后的奇观

科学考察队还发现了前所未见的奇观：在卡特迈火山西北10多千米处，原来那里有一条长16千米、宽8000米的林木葱郁的山谷。现在谷中都铺满了厚厚的火山灰砾，植物已全部枯死。令人

惊奇的还是在这片面积约145平方千米的灰砾场上，有着成千上万个喷气孔。大量的炽热气体从地下喷出来，形成气柱，有的直达300米高空，在山谷上空形成巨大的蒸汽云。

卡特迈火山爆发

在卡特迈火山爆发前几小时，从山谷上部的一些裂缝中，喷出了大量的烟灰和火山物质，估计当天从地表裂缝中喷出的火山灰砾达110亿立方米。它们在高压气流的推动下，快速地向山谷下方推进。一路上把树木全部冲倒，炽热的火山灰又把树木全部掩埋，并迅速炭化。整个山谷被覆盖上一层厚达200米的火山灰。同时，无数气柱从地下喷出，在山谷上空密集。

万烟谷的形成

这次火山爆发，巨大的山顶被削平，火山口炸成一个深坑，积水成了湖泊。离它90千米的科迪亚克岛上落了两个昼夜的火山灰，地面被覆盖得厚厚的。从此，牛羊没有草吃，连山上的熊也不得不下山来捕食家畜。爆炸后产生许多狭长的裂缝，火山灰没有能覆盖住。一股股热气流从地下不断渗出来，主要是水蒸气和其他气体。水蒸气遇冷凝结成大片云雾，弥漫在山谷中，形成了罕见的万烟谷。

我还想知道

万烟谷是世界上闻名的地热集中地，在24平方千米的范围内，有数万个天然蒸汽和热水的喷孔，喷出的热水和蒸汽最低温度为97度，高温蒸汽达645度，每秒喷出2300万公升的热水和蒸汽。

风动不倒石之谜

风动不倒石

在我国福建东山岛铜山古城东门海滨的悬崖峭壁上，有一块奇石叫风动不倒石。风动石，又名兔石，东山风动石以奇、险、悬而居全国60多块风动石之最，被誉为"天下第一奇石"。现在它已经是东山岛的标志性景观。另有缅甸名胜风动石。

90

此石高4.73米，宽4.57米，长约4.69米。其形似古猿人的头部化石，斜立于一块卧地磐石上。奇石与所坐落的磐石，两石吻合点仅0.33平方米。

风动不倒石现象

人们或全力用双手推它，或使足劲用两脚蹬它。只能使它摇晃，而不能翻倒。

如果找来瓦片置于石下，选择适当位置，一个人就能把这硕大的奇石摇动起来。此时瓦片"咯咯"作响，则化为粉末，奇石摇动的轨迹就更为明显。

风动不倒石之谜

令人百思不解的是，力量可以使它晃动，而无形的风竟也能使它摇晃。

更叫人称奇的是，"七七事变"后，日军陆海空部队3次武装血劫东山岛，连风动石也不放过。他们动用军舰把钢索系于石上，开足马力企图把奇石拉倒。突然，"嘣、嘣"几声，钢索断为几截，日本人的妄想也随之断了。

真是奇怪，这块石头与所坐落的石块接触面积那样小，是什么原因让它稳稳站立而不倒下呢？

风动石自古闻名，早在明代张岱的《夜航船·荒唐部》里就有记载："漳州鹤鸣山上，有石高五丈，围一十八丈，天生大盘石阁之，风来则动，名风动石。"

美国死亡谷的走石

美国死亡谷

美国加州的死亡谷是全美国最低、最热、最干燥的地方。然而它的名胜区却是个异常奇特的地方：山上长满松树和野花，山顶白雪皑皑，山下沙漠一望无际，其中有盐碱地和不断移动的沙丘。

在死亡谷众多自然奇观中，最吸引人的要算是"会走路的石头"。这些石头分散在龟裂的干盐湖地面上，干盐湖长达48000米，被称为跑道。

石头大小不一，外观平凡，奇怪的是，每一块都可以在干盐湖地面上自行移动，并在地面上留下长长的凹痕。有的笔直，有的略有弯曲或呈之字形，长的可达数百米。

死亡谷探秘

死亡谷形成约在300万年前，起因乃由于地球重力，将地壳压碎成巨大的岩块而致。当时部分岩块突起成山，部分倾斜成谷。

直至冰河时代，排山倒海的湖水灌入较低地势，淹没整个盆底，又经过几百万年火焰般日头的蒸熬酷晒。这个太古世纪遗留下来的大盐湖，终于干涸而尽。如今展露在大自然下的死亡谷，只是一层层覆盖泥浆与岩盐层的堆积。

通过印第安人在此所遗留的文化残骸，可追溯至9000年前。但死亡谷之恶名，从150年前才被宣扬开来。1849年冬，一批前

往金山的淘金队伍，抄近路横越该谷，因不敌此地恶劣的气候，导致无垠的黄沙中平添白骨数堆。

关于走石的研究

众说不一，有人说是超自然力量在作怪，有人说与不明飞行物体有关，有人则认为是自然现象。

加州理工学院的地质学教授夏普，用整整7年时间进行研究，自信已经找出其中奥妙。他选了30块形状各异、大小不一的石头，逐一取了名字，贴上标签，并在原来的位置旁边打下金属桩作为记号，看看这些石头会不会移动。

除了两块外，其余的都改变了原来的位置。不到一年时间，有一块已移动多次，共走了258米，另一块9盎司重的石头，则创

造了一次行程最远的纪录：207米。

夏普研究了石头的足迹，并核查当时的天气情况，发现石头移动与风雨有关。移动方向与盛行风方向一致，这是有力的证据。

干盐湖每年平均雨量不超过6毫米，但是即使微量雨水也会形成潮湿的薄膜，使坚硬的黏土变得滑溜。这时，只要附近山间吹来一阵强风，就足以使石头沿着湿滑的泥面滑动，速度可高达每秒0.9米。

石头能走路的谜底虽然已经揭开，但这种奇景却依然令人产生一种神秘莫测的感觉，因此到这儿来旅游的人接连不断。

我还想知道

会走路的巨石：前苏联普列谢耶湖东北处，有一块能够自行移动位置的石头。该石呈蓝色，直径近1.5米，重达数吨，近300年来它已经数次变换过位置。

岩石是怎样形成的

水火之争

地球上的岩石千姿百态，五彩缤纷，它们是怎样形成的？自古以来，科学家们都在探索这一奥秘。科学界还有过一场激烈的争论，持不同观点的科学家互不相让。有人称这场争论为水火之争。1775年德国的地质学家魏格纳，提出了这样的观点：

花岗岩和各种金属矿物，都是从原始海水中沉淀而成的。们称他的观点为水成派。

以英国地质学家詹姆士·赫顿为代表的一些科学家，针锋相对地提出相反意见。他们认为花岗岩等不可能是在水里产生的，而是岩浆冷却后形成的。人们称这种观点为"火成派"。

岩石真正成因

现在，科学家们借助于先进的设备，已摸清岩石的来龙去脉。如果按质量计算，在地壳中约有3／4的岩石，是由地球内部

的岩浆冷却后凝结而成的。人们称它为岩浆岩或者火成岩。花岗岩就是属于岩浆岩。

在地球上，目前还可以看到火山爆发后，喷出的温度高达1000度以上的液态的岩浆，经过冷却后形成的坚硬岩石。有少数的岩石是泥沙、矿物质和生物遗体等，长期沉积在江湖和海洋底下，经过长期紧压胶结，以及在地球内部热力的作用下，变成了岩石。人们称它为沉积岩。如砂岩、页岩和石灰岩等。岩浆岩和沉积岩形成之后，受地壳内部高温高压的作用，改变了性质和结构，就形成了另一种岩石即变质岩。如石英岩、大理石岩等。

岩浆岩、沉积岩、变质岩这三大岩石，具有不同的形成条件和环境。而岩石形成所需的环境条件，又会随着地质作用的进行不断地发生变化。

> 我还想知道
>
> 沉积岩和岩浆岩，可以通过变质作用形成变质岩。在地表常温、常压条件下，岩浆岩和变质岩又可以通过母岩的风、剥蚀和一系列的沉积作用，而形成沉积岩。

岩石中的生物之谜

岩石中发现蝾螈

1818年，外国地质学家克拉克博士为寻找化石，挖洞至0.6米深时，在岩壁上发现一批海蝾螈的活化石。它们与当地生存的种群不同。其中有3只保存得很好。

克拉克小心地把它们从岩石上取下来，放在纸上。在阳光下，这种蝾螈居然活动起来。其中两只很快便死去了，第三只却看上去生命力很旺盛。克拉克把它放进水池，这小家伙很快便逃得无影无踪。

岩石中发现蟾蜍

1851年，法国布卢瓦的一位工人，从一块重14磅的燧石中挖出一只蟾蜍。

人们还惊奇地发现蟾蜍在呼吸，并跳出凹窝想逃走。工人们把它逮住，连同凹窝送往当地的科学团体，被安置在地下室的青苔床上。

黑暗中，这小动物躺着，一动不动；一有光亮，它便想逃跑。如果把它放在燧石的边缘，它便钻回到自己的窝里。还把腿放在身体下面，并特别留神那条初次移开燧石时受过轻伤的腿。

岩石中为什么能有活动物呢？这可是一个难解的谜团。

1901年，英国拉格比市的市民柯莱克，给家中的火炉添煤。当他敲开一块煤时，竟发现煤中有东西在蠕动，仔细一看，原来是一只活的蟾蜍。这只蟾蜍全身几乎是透明的，后来活了5个星期之久。

大陆为何是三角形的

大陆呈三角形

也许大部分人对大陆的形状及朝向，并不十分了解。

那么你仔细地观察世界地图就会发现：差不多所有的大陆都是北部平宽，南部两侧向内收缩，最后成为一个三角形。唯一的一个例外是澳大利亚，它的三角形顶点朝向北方。

在距今2亿年前后的那一刻，一颗直径大约400千米的不规则陨星划破地球大气层保护作用，迎面砸在地球那时的赤道南边，

并在当地击起巨大的岩层和巨浪，形成一个直径达8000千米的陨石巨坑。当这陨石巨坑中心部分低于海平面而被海水淹没时，就形成一个面积达几千万千米左右的海洋。当地球遭受到大陨星的撞击时，不但壮大了地球的体积与质量，而且彻底改变了地球的地壳地貌和磁场方向。

所以大概2亿年前的那次天地大碰撞，使得地球地壳板块发生了巨大的变化，而形成了今天地球大陆这种倒三角形地貌。即使到今天这种地壳漂移运动还没有停止的迹象。如果将来再发生天地大碰撞，地球又会重新塑造地壳板块，又会发生沧海桑田的巨变。因此，今天地球大陆这种倒三角形是地球演变的结果，是地球发展的必然。

碎块学说的解释

碎块学说认为，每个大陆并不是一个完整的统一体。它是由一系列大小不同的碎块拼合而成的。大者可达几十万平方千米，小者只有几平方千米。

大陆块的形成可能是在不同时期，经过多次拼接最后才完成的。科学家研究得知，北美大陆的北半部，是由100多个陆块拼合而成的。而亚洲的西伯利亚，甚至面积不大的日本，也是由多个地块组合成的。

我还想知道

大陆轮廓几乎全是倒三角形，地球上绝大部分大陆都是南部较狭窄，呈尖状，越往北越宽，一个个如同顶点朝南的"倒立"三角形。七大洲中唯独澳大利亚大陆是个例外。

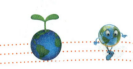

干雨是怎么回事

干雨现象

世界各国的天体物理学家，都对干雨产生特别浓厚的兴趣。干雨很早就被人们发现过，只是极为少见，近些年来人们发现，它的出现越来越频繁。

早在1889年，非洲的萨凡纳，就成为干雨的战利品。20年后，干雨又毁灭了亚速尔群岛地区整整一支舰队。曾经发生在德克萨斯草原的一场特大火灾，也是干雨引起的，

现象解释

一种看法认为：彗星散落后的物质一部分落入地球，从而产生

干雨现象。从彗星散落到出现干雨，需要2年至6年的时间。

目前天体物理学家观察到，彗星散落的现象越来越多。因此科学家们预测在最近6年至15年内，要出现更多的干雨。那时干雨火灾的数量将达每年8起，而50年后将达每年30起。

另一种看法：干雨现象是我们还没认识的，另一种文明的破坏活动。持这种观点的人认为，如果干雨现象来源于宇宙，是彗星散落的产物，那么化学家通过光谱分析，应该可以发现彗星的化学成分。结果至今还是否定的。

吐鲁番的干雨：吐鲁番是有名的火洲，酷热和干燥是吐鲁番引人注目的气候特点。盆地降水量小，蒸发量却极大，有时雨滴在降落过程中即被蒸发，地面不见滴水，因而有干雨的现象。

我还想知道

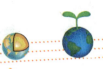

热层高温为何不热

热层高温现象

我们居住的地球周围，有厚厚的大气层。这大气层又可以分成好几层。距地面85千米至800千米的空间被称为热层。在热层里，随着距离地球高度的增加，气温骤升。

在150千米的高空，每升高100米，气温就升高2度。因此，在200千米处，气温已高达1000度；至700千米的高空，气温竟高达3000度。这远远超过了炼钢的温度。

高温不能熔化钢铁

大热气层内，空气非常稀薄，空气质最仅占大气总质量的万分之五。大气密度和热容量都非常小，在热层内气温升高1℃所需要的热量，还不到海平面气温升高1℃所需热量的亿分之一。

因此，即使太阳辐射很少的一部分热能，也是够使热层的大气温度升高很多了。

但是，热层的高温，并不能熔化钢铁。这是因为那里的空气分子极少，如果把钢铁放在这个"高温层"中，具有高温的空气分子是很少有机会同钢铁接触的。就连高速运转的卫星，在每平方厘米的面积上，每秒至多只能获得十万分之一的热量。

如果按照这个加热速度来计算，1克水温度升高1℃，就需要28个小时！据卫星观测的资料表明，650千米的高空，虽然气温已超过2000℃，但受到太阳直射的卫星表面温度只有33℃；而当运动到地球的阴影区时，卫星表面温度却迅速下降到零下86℃。

可见，这里的温度虽然很高，却不热，当然就更谈不上在这里炼钢了。

对于热层高温反而不热这一奇特现象，科学家们正在寻找确凿的依据来加以解释。

1662年，外国科学家波义耳通过实验得知，气体受到压力时体积会收缩，所以在大气层的垂直方向上。海平面上大气最稠密，越向上越稀薄。

我还想知道

地上为何长白毛

震后的地上白毛

在古代，许多地方在地震之后，地上就会长出白毛。在我国地震历史资料中，关于地生白毛的记载很多。

例如：1691年4月，"福州地震，泥土生毛"。

1785年3月，"福建南安地震生毛"。从这次地震以后，就很少有地震后生白毛的记载。

科学家的研究

科学家们通过翻阅大量的地震历史资料发现，这种白毛大多在南方长出，而在北方却很少见。并且这些白毛在春夏季容易生

长，秋冬季却很少有。它们绝大多数是白色的，但也有少量的黑、黄、红毛长出。

科学家们认为，不管怎么说，地震后长白毛这一现象是客观存在的。但是，现在为什么见不到了？为什么会地生白毛？这种白毛到底是什么样子的？

由于缺少这方面的材料，一时无法解答。有人设想，如果白毛是一种竖立的丝状物，可能与地震时产生的静电作用有关。但这也只是一种设想。

我还想知道

2008年5月27日下午13时20分许，山东省平度市泉州路上出现了数万蛤蟆集体过马路的场面。泉州路的东侧是一片面积不大的水塘，蹦上了马路牙子的蛤蟆，纷纷往水塘里跳。

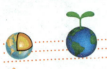

英国东海岸的死亡崖

优美的悬崖峭壁

在英国东海岸的东伯恩，有一处风景优美的悬崖峭壁，如刀削般直立海边。崖顶风光如画，绿草如茵，而且可以俯视英伦海峡。它是非常吸引人的游览胜地，也是出名的死亡之崖。

每年很多来自美国、法国和荷兰的游客前来游览。他们登上崖顶，面对英伦海峡，眺望烟波浩瀚的大海，心情说不出的兴奋，仿佛进入天国。

在这醉人的美景中，有人忽然变得飘飘然，情不自禁地想投入崖下大海的怀抱。在一种亦幻亦真的感觉的推动下，有的人纵身跳下悬崖，告别了这个世界。

有人说，这些游客是受到魔鬼的引诱才这样做的。

频繁的跳崖事件

英国一家医院的一位心理医生，已对很多游客在那里跳崖自杀的事进行了20多年的研究。他发现首宗跳崖自杀的事情发生在1600年，自此后选择此处自杀者越来越多。

很多自杀者原是高高兴兴来游山玩水的游客，事先都没有自杀的企图。他认为很多人是置于迷人风景之中，心旷神怡之时，产生的一种莫名其妙的难以自制的心理，促成他们自杀。这时自杀者可能一时意乱情迷，难以自制而走上自杀之途，尚不知自己做了什么事。这种情况在心理学上也可以做出解释。

我还想知道

一位美国大学教授和妻子在英国共同游览了东伯恩山崖，并没有出事。但夫妇俩回到伦敦准备动身回美国时，教授妻子突然神秘失踪，原来她独自一人乘火车再次回到死亡之崖，并从上面跳了下去。

不辞而别的尤丽娘岛

会消失的岛

相传1831年7月7日，在地中海西西里岛西南方的海面上，突然间烟雾腾空，水柱冲天，火光闪闪。

在一阵震耳欲聋的轰鸣，夹杂着刺耳的"咝咝"声中，从海里升起一座高出海面60米、方圆约5000平方米的小岛。它就像个热气腾腾刚出笼的大馒头。

英国国王立即向全世界宣布，这个新诞生的小岛是英国的领土，并命名为尤丽娘岛。谁知在3个月后，尤丽娘岛竟然不辞而别，悄悄地隐没在万顷碧波中不见了。

沉浮原因

海岛为什么会隐而复现，现而复隐呢？沧桑之变的原因，主要是由于地壳不停地运动的结果。

由于地壳的运动，使某些地区的陆地沉降或者抬升，引起周围海面的变化。也由于地壳的运动，使某些地区的海面上升或者后退，引起陆地的沉浮。

时间老人告诉我们地壳运动是缓慢的，地质历史是漫长的。沧桑之变，从地球诞生以来，就从来没有停止过，直至今天依然存在着，在将来也一定不会终止。

19世纪初，有人在进行极地探险考察活动中，在西伯利亚北面的拉普帖夫海发现一个小岛。许多年以后，考察队却怎么也找不到标在地图上的那个海岛了，岛屿的消失令科学家们百思不得其解。

我还想知道

亚特兰蒂斯的消失

亚特兰蒂斯之谜

最先提及亚特兰蒂斯的是希腊哲学家柏拉图。2000多年前柏拉图在《对话录》中，提到这一片已消失的地方后，陆续有1000多本书提及亚特兰蒂斯。

1958年，美国动物学家范伦坦博士，在巴哈马群岛附近海床上，发现奇特的地形结构。从空中往下看这些几何图形，是一些正多边形、圆形、三角形，还有长达好几千米的直线。

1968年，范伦坦博士又在巴哈马群岛的北比密尼群岛附近海域，发现位于海面以下5米左右，长达540米的矮墙。突出海底约0.9米的比密尼石墙，每个石块至少16立方米。顺着探测下去，

竟然发现更复杂的结构，有几个港口，还有一座双翼的栈桥，俨然是一个沉没几千年的古代港口。

由于巴哈马的海域是属于下沉地形，因此引起不少的猜

测，是否是亚特兰蒂斯人建造的，没有其他证据辅证而仍不得而知。轰动一时的石墙事件仍是一个沉睡海底的谜。

相关猜想

亚特兰蒂斯灭亡的传说，一直都归咎于火山爆发，洪水及地震。但这一些灾难，真的能在一晚之间，令这个拥有高度文明的大城市，消失得无影无踪吗？现今的地球物理学家认为，这类灾难并不足以在48小时内，把一个大陆摧毁于无形。

因此有一些其他灾难的学说，支持亚特兰蒂斯被毁。其中在星球相撞说之中，提出亚特兰蒂斯的灭亡，可能与一场全球性的灾难有关。

柏拉图在2000年前述说的这个岛屿，令许多人为之向往，但没有人能提出有力的证据证明亚特兰蒂斯确实存在过。因为亚特兰蒂斯在顷刻之间便永远沉入了海底。

奇妙声音之谜

巴里萨尔的炮声

有名的"巴里萨尔的炮声"，出现在孟加拉湾达好几年，而且一直传至恒河三角洲内陆300千米以外。

这些地声通常从沉积岩深处发出，美国康奈尔大学托马斯·戈德教授认为，这大概是由于沉积岩，把人们听力范围内的震动声都吸引过来，也很可能是成千次小震，正好发生在应力场内，这样人们就能听到、感觉到。

塞内卡之声

发生在美国塞内卡福乐斯的"塞内卡之声"，更是一个奇谜。它一连数年毫无规律地、有间隔地，出现在这个城市的四周。人们在数百千米的范围内，寻找声音的根源，但毫无结果。

世界上其他很多地方，也都有类似的来历不明的怪声。遗憾的是现代科学，还不能解释这些怪声的奥秘。还有一些发生在海洋与湖泊四周的声响，也不知是如何发出的。

难解之谜

至于"巴里萨尔炮声"的来源，至今还没有圆满的解释。孟买大学的奇普隆卡教授认为，它的声源可能就在恒河流域的峡谷区里，它离孟加拉湾100多千米。

但是他没有说出造成地声的任何原因。另一位地质学家认为，缅甸的一些活火山爆发，可能是这些神秘地声的根源。

我还想知道

人们发现，某种气候条件会产生一种奇怪的现象：使某种声音只能在100千米之外听见，而离这个声源很近的地方却听不到。因此，人们有时听到的地声和声源往往相距很远。

南宋古井的奥秘

古井的发现

1962年夏，一位到海边捞虾的青年，发现海滩上有一口水井。并在井石四角的石缝中，捡到4枚宋代铜钱，分别镌刻了圣宋元宝、政和通宝、淳熙元宝、嘉定通宝。这是海滩古井在新中国成立后第一次被发现。

经有关部门考察分析，发现古井所处的海滩，原是滨海坡地，后因陆地不断下沉，形成海滩，古井也就被海沙吞没了。被厚沙覆盖的古井，一般难以被人察觉，但当特大海潮袭来，惊涛骇浪卷走大量沙层，它便会裸露出来。

历史记载

据清朝乾隆年间编写的《南澳志》记载，1277年，元兵大举入侵南宋，当朝文武大臣陆秀夫、张世杰等，护送年仅11岁的南宋皇帝和杨太后等仓皇南逃。

他们乘船登上了南澳岛，在澳前海滨的山坡上驻扎。随后修建了行宫，挖筑了水井。但不知为什么，人们后来见有行宫的遗址，却不见水井的影迹。

惊叹之处

众所周知，沿海的滩地为盐碱地，地下水因海水淹浸掺和，多半为咸水或半咸水，不能灌溉庄稼，更不能饮用。

但南澳岛上的海滩古井却不然，不仅井水奔涌，而且水质清甜，即使把苦咸的海水倒入古井，隔一会儿，井水依然纯净甜淡，这是什么道理呢？

117

关于古井的考察

如果说井水的成因已初步得到阐明。那么，井水水质异常纯净的问题，仍然留下了谜团。有人用水质纯度测量表，测得古井水的电流是80微安，而当地食用的自来水的电流是85微安。根据欧姆定律所述，电流越小，水质越纯。可见古井水比当地自来水还纯净。

因此每次古井出现，本县人，乃至潮汕、广州等地许多人不辞劳苦，前来观赏和吸水，捎回家中冲茶和珍藏。

据说此水贮存10多年也不腐。有人贮藏一瓶古井水，3年后开盖闻之，不仅气味如常，而且水质仍旧纯净，这实在令人难以理解。

井水甘甜的原因

纯净甜淡的井水，是渗入地下的雨水汇集在因陆地下沉，地

势明显降低的海滩所形成的。一旦井露，地下水坑有了出口，在水位差的压力作用下，就会在井底形成泉涌之势。

同时，渗入地下的淡水，在底质为沙的古井内遇上海水，由于沙的孔隙中水质点较为稳定，淡水和咸的海水混合非常缓慢。

又因为海水比重稍大于淡水，所以淡水可以浮在海水表面，并把海水压成一个凹面，淡水则成为一个双凸透镜的形状，称为淡水透镜体。把苦咸的海水倒入古井，隔一会儿，人们吸上来的依然是淡水，因为海水沉入"淡水透镜体"下面去了。

我还想知道

井露现象，于1969年7月、1978年10月和1981年9月均发生过，而且都是在强台风掀起罕见的大海潮后出现。1981年9月显露的是"马嘈"井，已由广东省南澳县人民政府列为县级重点文物加以保护。

幽灵岛失踪之谜

幽灵岛

史料载，1890年，它高出海面49米；1898年时，它又沉没在水下7米。1967年12月，它再一次冒出海面；可到了1968年，它又消失得无影无踪。就这样，这个岛多次出现，多次消失，变幻无常。

1979年6月，该岛又从海上长了出来。由于小岛像幽灵一样

在海上时隐时现，所以人们把它称为幽灵岛。

小岛的发现与失踪

在斯匹次培根群岛以北的地平线上，1707年英国船长朱利叶斯发现了陆地，但这块陆地始终无法接近。然而值得肯定的是，这块陆地不是光学错觉。于是他便将陆地标在海图上。

200年后，乘"叶尔玛克号"破冰船，到北极考察的海军上将玛卡洛夫与他的考察队员们，再次发现了一片陆地，而且正是朱利叶斯当年所见到的那块陆地。

航海家沃尔斯列依在1925年经过该地区时，也发现过这个

岛屿的轮廓。它就是100多年前，由英国探险家德克尔斯蒂发现的，它也因此被命名为德克尔斯蒂岛。大批的捕捉者来到了这个盛产海豹的岛上，并建立了修船厂和营地。但此岛却在1954年夏季突然失踪了。

相关事件记载

1943年，日本海军、空军在太平洋和美军交战中节节失利。设在南太平洋所罗门群岛拉包尔的日本联合航海总部，遭到美国空军猛烈轰炸。为了疏散伤病员和一些战略物资，一日本侦察机发现距拉包尔以南100多海里的海域，有一个无人居住的海岛。

这岛上绿树成荫，有小溪流水，几十平方千米的面积，又不在主航道上，是一个疏散、隐藏伤员的好地方。

于是日军将1000多名伤病员和一些战略物资，运到这荒无人烟的海岛上。伤病员安居后，日军总部一直和这里保持联系，经常运来食品和医疗用品。

谁知一个多月以后，无线电联系突然中断。日军总部担心美军袭击并占领该岛，马上派出飞机、军舰前来支援，但再也找不到该岛。

1000多人和物资也随小岛一起消失了。美国侦察机也发现过该岛，并拍了详细的照片，发现有日军躲藏。等派出军舰前来搜索时，却发现这里水域茫茫一片，什么也没有。

专家说法

幽灵岛在爱琴海桑托林群岛、冰岛、阿留申群岛、汤加海沟附近海域曾多次发现过。它是海底火山耍的把戏：火山喷发，大量熔岩堆积，火山停止活动后便成岛屿；一段时间后岛屿下沉、剥蚀，隐没在海面下。

法国科学家对这类来去匆匆的幽灵岛的成因作了如下解释，由于撒哈拉沙漠之下有巨大的暗河流入大洋，巨量沙土在海底迅速堆积增高，直至升出海面，因此临时的沙岛便这样形成了。然而，暗河水会出现越堵越汹涌的情况，并会冲击沙岛，使之迅速被冲垮，并最终被水流推到大洋的远处。

我还想知道

一艘意大利船在1831年途经西西里岛时，船长突然发现一股直径大约200米、高20多米的水柱喷涌而出，水柱刹那间变成了一团500多米高的烟柱，8天以后返航时，发现一个冒烟的小岛竟出现在眼前。

死神岛是怎么回事

名称渊源

一天，渔民贝克出海打鱼，经过加拿大东海岸的世百尔岛时，发生了一件怪事：渔船突然倾斜，并且莫名其妙地改变了航向，直向世百尔岛方向冲去。

贝克大惊，急忙转舵，但无济于事。那渔船象中了"邪"一样，越驶越快，最后"轰"的一声撞到了礁石上，贝克被重重地摔到了岸上……。

有一架直升飞机飞来搭救，但驾驶员突然感到飞机也中了"邪"，海岛似乎有一股强大的力量把飞机向下拉。还好，飞机这时尚未失去控制，驾驶员慌忙加油逃离这个可怕的地方。从此，人们很少驾船或驾机接近这个岛屿，世百尔岛遂被人们称为"死神岛"。

　　历史上有很多船舶，在此岛附近的海域遇难，船只沉没的事件又频频发生。奇怪的是每当海轮驶近小岛附近，船上的指南针便会突然失灵，整只船就像着了魔似的被小岛吸引过去，使船只触礁沉没，好像有死神在操纵。

　　从一些国家绘制的海图上可以看出，此岛的四周，尤其此岛的东西两端，密布着各种沉船符号。

　　估计先后遇难的船舶不下500艘，其中有古代的帆船，也有现代的轮船，丧生者总计在5000人以上。

　　这座在距北美洲北半部、加拿大东部的哈利法克斯，约几百千米的汹涌澎湃的北大西洋上，令船员们心惊胆战的孤零零的小岛，本名叫塞布尔岛。

　　"塞布尔"一词在法国语言中的意思是沙，意即沙岛。这个名称最初是由法国船员们给它取的。

历史考证

几千年来，由于巨大海浪的猛烈冲蚀，使得此岛的面积和位置不断发生变化。最早它是由沙质沉积物堆积而成的一座长120千米，宽16千米的沙洲。在最近200多年中，该岛已向东迁移了20千米，长度也减少了将近大半。现在东西长40千米，宽度却不到2000米，外形酷似狭长的月牙。全岛一片细沙，十分荒凉可怕，没有高大的树木，只有一些沙滩小草和矮小的灌木。

相关假设和推断

为了找到船舶沉没的原因，不少学者提出了种种假设和推断。例如，有的人认为，由于死神岛附近海域，常常出现威力无比的巨浪，能够击沉毫无防备的船舶。

有的人认为死神岛的磁场，不同于其邻近海面而且变幻无常，这样就会使航行于死神岛附近海域的船舶上，导航罗盘等仪器失灵，从而导致船舶失事沉没。

较多学者认为，由于此岛的位置经常移动，而它的转移也在不断变化，岛的附近又大都是大片流沙和浅滩，许多地方水深只有2米至4米，加上气候恶劣，常常出现风暴。因此，船舶很容易在这里搁浅沉没。而关于死神岛之谜，仍需要今后继续地深入探索和研究。

死神岛位于从欧洲通往美国和加拿大的重要航线附近，在加拿大新斯科舍半岛东南约300千米的大洋中。岛上，草不生长，鸟不歇脚，没有任何动物和植物，只有坚硬无比的青石头。

我还想知道

地理解答

　　地理环境与人类的生活息息相关，但由于地质结构的复杂和地球的运动演变，人们对许多地理现象都难以了解，这里仅对一些常见现象给予解答。

地震成因的假说

大陆漂移的假说

20世纪20年代初，产生的大陆漂移假说认为：地层产生褶皱并不需要收缩，当大陆移动，前缘如果受到阻力就会发生褶皱，就像船在水上行驶时，在船头产生波浪那样。在20世纪30年代，经过激烈辩论之后，大陆漂移说又宣告失败。

海底扩张的假说

20世纪60年代，有人提出了海底扩张的假说。认为由于海底的不断更新和扩张，造成古磁场和年龄数据的对称分布。

而当扩张的大洋地壳到达火山边缘时，便使俯冲到大陆壳下的地幔逐渐熔化而消亡，因而无法找到古老的大洋地壳。

板块构造学说

到了20世纪70年代，在大陆漂移说和海底扩张说的基础上，产生了板块构造学说。板块构造说强调全球岩石图并非一块整体，而是由欧亚、非洲、美洲、太平洋、印度洋和南极洲六大板块组成。这些板块驮在地幔顶部的软流层上，随着地幔的对流而不停漂移。板块内部地壳比较稳定，板块交界处是地壳活动较多的地带；大地构造活动的基本原因，是几个巨大的岩石层板块相互作用引起的。由于地震是大地构造活动的表现之一，所以板块的相互作用也是地震的基本成因。

我国唐山大地震时，人们发现有的地方上升，有的地方下沉，有的地方发生平面扭动。强烈地形变区集中在地震断层的两侧。在这个形变条带内，最大垂直错距达一米左右。

我还想知道

地震前的地光闪耀

什么是地光

地光异常指地震前来自地下的光亮，其颜色多种多样。可见到日常生活中罕见的混合色，如银蓝色、白紫色等，但以红色与白色为主；其形态也各异，有带状、球状、柱状、弥漫状等。

一般地光出现的范围较大，多在震前几小时到几分钟内出现，持续几秒钟。

唐山地震前兆

1976年7月28日晚，在唐山东北方向，一道道五彩缤纷的光束升了起来，就像强大的信号灯一样，把大地照得亮如白昼。

等光焰散去之后，大地开始颤动，几秒钟后，唐山变成了一

132

片废墟。原来，这是一种强烈地震的前兆，被称为地光。

地震发光现象记载

　　许多强烈地震都伴随有发光现象。这种特殊的令人毛骨悚然的自然现象，早在几千年前，就已经被人们注意到了。我国是世界上记载地光最早的国家。

　　在国外，地光也引起了人们的广泛注意。这种记载最早见于罗马历史学家塔西伦的《编年史》，它记述的是公元17年，小亚细亚发生了强烈地震。书中说地震前有人曾看到天空火光闪闪。

相关研究

　　20世纪30年代以后，地震发光的研究进入了全面发展的阶段，人们对于地光的真实存在，不再感到怀疑，并开始出现解释这种现象的理论假说。在这些研究中尤以日本领先。

　　1965年以后，日本学者安井与近藤五郎、栗林亨等利用地磁仪、回转集电器等进行了观测研究，并拍摄了世界上第一张地光

133

照片。

1974年，我国学者马宗晋，在研究了邢台地震以来，历次较大地震的临震宏观现象以后，提出了"地光不仅仅是地震派生的结果，而应看做是临震共同发展的统一过程"。这就是说，应把地光同与它同时出现的其他现象，联系起来考虑。

地光想象理论假说

1972年，日本学者安井丰等人提出了"低层大气振荡"的看法。他们认为，由于大气中含有各种正负离子，所以大地具有微弱导电性。

当大气中的气体分子，受到来自太空的宇宙射线和地球本身的放射性元素射线的撞击，结果使这些气体离子带电。

地震区常会有以氡为主要成分的放射性物质，地壳震动把它抖入大气中，特别是在含有较多放射性物质的中、酸性岩石分布区和断层附近，大气中的氡含量将显著提高，这也将使大气离子导电性增强。

这时如果地面有一个天然电场，那么就会向空中大规模放电，使地光闪烁起来。此种理论，是目前比较成立的假说。

我还想知道

1975年2月4日我国辽宁省海城、营口发生了7.3级地震，当时震区有90%的人都看到了地光，近处可见一道道长的白色光带，远处则见到红、黄、蓝、白、紫的闪光。

月亮与地震的关系

测量员的发现

1933年，美国海军观察站的测量员，发现圣地亚哥和首都华盛顿之间的距离，与7年前测定的数据相差了15米。这在讲究分毫不差的大地测量学上，是一个巨大的数字。

后来研究者才发现，月球把40万千米下面的固体地球拉起来了，地面就形成了凸起，因此，两端距离缩短。这一定会对已经积累了巨大压力的地壳中某个部位，起到导火索的作用，从而使

地球上发生地震。

美国科学家的发现

美国科学家发现，在南加利福尼亚州的一个狭窄的地区内，地震的发生与12小时、半月和18.6年的月球周期，有着密切的关系。

我国自1966年以来，在河北平原发生了4次6级以上的大地震，全部发生在农历初一或十五的前后，并且与附近塘沽港海潮的高潮时刻相接近。

科学家分析，每当农历初一时月球和太阳都在地球的同一侧；十五时又分居地球的引力结合，是引力吸起来，产生大海潮，而且也能对固体的地壳产生吸引力，引起"固体潮"。

当然，这个起潮力不能直接发地震，但假如地球内部的力量已使岩层的变形到了一触即发的程度，农历初一、十五的月亮便成了地震的诱发因素。月亮是怎样诱发地震的呢？这有待于科学家们继续研究。

我国1996年邢台地震，最大的震级分别在农历二月十七和三月初一；1979年7月9日江苏溧阳地震，为农历六月十六；1988年11月6日－7日，云南澜沧－耿马7级大地震发生在"朔"日前两天。

137

地震和云彩的关系

日本利用地震云预报地震

1948年6月27日，日本奈良市的天空，突然出现了一条异常的带状云，好似把天空分成两半。此怪云被当时奈良市的市长看见了。第三天，日本的福井地区真的发生了大地震。

市长把这种带状、草绳状或宛如长蛇的怪云，称为地震云。认为地震云在天空突然出现后，几天内就会发生地震。市长的论断，得到了日本九州大学工学部气象学家的支持。

1978年1月12日下午17时左右，市长在奈良市商工会议所五

楼礼堂讲话时，突然看到窗外天空中飘动着，一条细长的由西南伸向东北方向的红云，他立即停止讲演，向参加会议的大约300多人宣布：那就是地震云！云的上浮力量很大，正要突破其他云层。

地震云有时呈白色，有时呈黑色，这次因为发生在黄昏，所以呈红色。他估计在两三天内将发生相当大的地震。结果，第三天在日本东京以南伊豆群岛的大岛近海发生了7级地震。

我国利用地震云预报地震

利用地震云预报这次地震的，还有我国中科院物理研究所的地震学家吕大炯。

吕大炯在1978年3月3日早晨，于北京中关村上空也观测到了条带状云彩，再根据地应力和地电异常的情况，预报了震中将发生在地震云垂线所指的方向，即日本海之中。其预报时间和地震发生时间仅差48分钟，其准确度令人惊叹。

江苏溧阳地震

1979年7月4日凌晨，住在北京饭店的日本奈良市市长健田忠三朗，忽然发现天上东南方向，横亘了一条较长的白色条带状的云带，他立即作出了近期将要发生地震的预测，但北京不会受其影响的预报。

与此同时，在日本的一些地震云研究者，在不同的地点也观测到了地震云。而且地震云垂线的交点正交会在我国江苏省溧阳地区。

一连几天，在我国各地的地震观测站测到的地电、电磁都发生强烈异常现象，有些中国的地震工作者在7月2日、4日、5日也都观测到长条状云带……7月9日晚，江苏省溧阳果然发生了6级地震。

地震云的成因

日本九州大学真锅大觉认为：由于地震之前地热的增高，加热空气，使之上升扩散到同温层，在1000米高空形成细长的稻草绳状的云带。

而我国的吕大炯等人认为：由于断裂带产生热量，可以以超高频或红外辐射的形式，来加热上空的空气微粒，形成条带状地震云。由于断裂带大多垂直于震中的震波传递方向，所以，由此产生的条带状云，也是垂直于来自震中的震波传递方向的。

地震云是非气象学中云体分类的一种预示地震的云体，地震即将发生时，因地热聚集于地震带，或因地震带岩石受强烈引力作用发生激烈摩擦而产生大量热量，这些热量从地表面溢出，使空气增温产生上升气流，这气流于高空形成"地震云"，云的尾端指向地震发生处。目前在国际上的研究已较为表面，日本和中国民间都有较多爱好它的研究者对它进行探索。

也正是因为研究的不深入，现在地震学家和气象学家对所有涉及地震云的问题一律进行了片面性否认或牵强的使用气象学理论解释。

我们有理由相信，在未来不断的地震云相关的数据收集和分析后，地震云将为地震预报事业做出巨大贡献。

我还想知道

1976年7月28日唐山地震时，就在7月27日傍晚，远在日本本州大偶的真锅大觉教授，发现天空中出现了一条异常的长长的云彩，经研究，这条异常的长条云，就是唐山发生地震的前兆云。

动物对地震的预报

动物震前异常反应

地震是地球内部巨大的能量释放现象之一。一次7级地震释放出来的能量，相当于20多枚20000吨级原子弹释放的能量，所以在震前必然有各种物理、化学和气象等变化。

这些变化，即使是非常轻微的，但一些动物却具有十分敏锐的感受力，于是引起它们生理上和行为上的反应，这就是动物在震前的异常行为。

人们在长期报震、抗震工作中，已经观察到许多动物在震前，有种种异常反应。从大量地震资料来看，已知地震前有异常反应的动物，约有近100种：包括昆虫、鱼类、蛙、蛇、鸟类、兽类和家禽家畜。其中以狗、鱼、猫、鸡、鸟和猪等反应最为明显。1920年宁夏海原大地震，据调查，在

震前动物异常现象有："牛惊外逃，不进圈；狗吼叫嚎吠，鸡乱叫，狼成群；鸭雀乱叫乱飞"。1966年3月8日河北邢台6.8级地震，震前动物异常现象相当普遍，当地流传的谚语说："猪在圈里闹，鸡飞狗也叫，牲口不进棚，老鼠先跑掉，地震快来到"。

冬眠动物的反应

1975年2月4日，辽宁省海城、营口发生了7.3级地震。震前一段时间，尽管天气寒冷，冬眠的蟒蛇仍爬出洞来，它们一出洞口就冻僵了。

此外，青蛙、泥鳅等冬眠动物的提前苏醒，可能与震前地温的局部升高有关。

日本是个多火山多地震的国家，科学家发现深海鱼类的异常行为预示着地震即将来临。1963年11月11日清晨，日本新岛的渔民捕到一条长两米的深海鱼，事隔两天，在新岛附近真的地震了。

我还想知道

冰期形成的推测

什么是冰期

地球表面覆盖有大规模冰川的地质时期，又称为冰川时期。两次冰期之间为一相对温暖时期，称为间冰期。

地球历史上曾发生过多次冰期，最近一次是第四纪冰期。地球在40多亿年的历史中，曾出现过多次显著降温变冷，形成冰期。特别是在前寒武纪晚期、石炭纪至二叠纪和新生代的冰期都是持续时间很长的地质事件，通常称为大冰期。

大冰期的时间尺度达107年～108年。

大冰期内又有多次大幅度的气候冷暖交替和冰盖规模的扩展

或退缩时期，这种扩展和退缩时期即为冰期和间冰期。

冰期有广义和狭义之分，广义的冰期就是大冰期，狭义的冰期是指比大冰期低一层次的冰期。

大冰期是指地球上气候寒冷，极地冰盖增厚、广布，中、低纬度地区有时也有强烈冰川作用的地质时期。大冰期中气候较寒冷的时期称冰期，较温暖的时期称间冰期。

大冰期、冰期和间冰期都是依据气候划分的地质时间单位。大冰期的持续时间相当地质年代单位的世或大于世，两个大冰期之间的时间间隔可以是几个纪，有人根据统计资料认为，大冰期的出现有1.5 亿年的周期。冰期、间冰期的持续时间相当于地质年代单位的期。

天文学成因说

天文学成因说主要考虑太阳、其他行星与地球间的相互关系。一是太阳光度的周期变化，影响地球的气候。太阳光度处于弱变化时，辐射量减少，地球变冷，乃至出现冰期气候。米兰科

维奇认为，下半年太阳辐射量的减少，是导致冰期发生的可能因素。二是地球黄赤交角的周期变化导致气温的变化。黄赤交角指黄道与天赤道的交角，它的变化主要受行星摄动的影响。当黄赤交角大时，冬夏差别增大，年平均日射率最小，使低纬地区处于寒冷时期，有利于冰川生成。

地球物理学成因说

地球物理学成因说影响因素较多，有大气物理方面的，也有地理地质方面的。

一是大气透明度的影响。频繁的火山活动等，使大气层饱含着火山灰，透明度低，减少了太阳辐射量，导致地球变冷。

二是构造运动影响。构造运动造成陆地升降、陆块位移、视极移动，改变了海陆分布和环流形式，可使地球变冷。云量、蒸

发和冰雪反射的反馈作用，进一步使地球变冷，促使冰期来临。

三是大气中二氧化碳的屏蔽作用。二氧化碳能阻止或减低地表热量的损失。如果大气中二氧化碳含量增加到今天的2倍至3倍，则极地气温将上升8度至9度；如果今日大气中的二氧化碳含量减少55至60%，则中纬地带气温将下降4度至5度。在地质时期火山活动和生物活动，使大气圈中二氧化碳含量有很大变化，当二氧化碳屏蔽作用减少至一定程度，则可能出现冰期。

冰期的影响

一是大面积冰盖的存在，改变了地表水体的分布。晚新生代大冰期时，水圈水分大量聚集于陆地，而使全球海平面大约下降100米。如果现今地表冰体全部融化，则全球海平面将会上升80米～90米，世界上众多大城市和低地将被淹没。

二是冰期时的大冰盖厚达数千米，使地壳的局部承受着巨大压力而缓慢下降，有的被压降100米至200米，南极大陆的基底就被降于海平面以下。北欧随着第四纪冰盖的消失，地壳则缓慢在上升。这种地壳均衡运动至今仍在继续着。

三是冰期改变了全球气候带的分布，大量喜暖性动植物种灭绝。

所谓冰期，是指地球历史上大规模的寒冷时期。全球各地在地质历史中曾发生过三次大冰期，即震旦纪冰期、石炭纪、二叠纪冰期和第四纪冰期。

我还想知道

海上鬼门关之谜

名称由来

1487年8月，一位名叫巴特罗缪·迪亚士的葡萄牙航海家，受国王约翰二世的委托，去寻找通向印度的新航线。

迪亚士率领船队前行，在鲸湾附近，他们遇到了强烈的暴风雨。经历了13个昼夜的挣扎，迪亚士等人终于死里逃生。为纪念

这次在风暴中逃生的经历，他们给这个耸立在大西洋中的岬角，起了个"风暴角"的名字。

1488年12月，迪亚士等人经历了千辛万苦以后，终于回到了葡萄牙首都里斯本。国王约翰二世亲自接见了他，并向他询问了这次探险的经历。迪亚士一五一十地向国王讲述他们历经磨难，以及发现风暴角的经过。

国王认为风暴角的名字不吉利。既然风暴角位于通往印度的航线上，看到了风暴角，便看到了希望。就叫"好望角"吧！于是，好望角这个名称便传开。

好望角遇难

1500年，连好望角的发现者迪亚士，也不幸在好望角附近的海面上丧生。仅20世纪70年代，好望角一带就有11艘万吨货轮遇难。

在众多沉船事故中，一艘名叫"世界荣誉号"的油轮，它的沉没最令人感到意外。

当"世界荣誉号"从北向南驶近好望角时，灾难突然降临，20多米高的巨浪向油轮压了过来。当巨轮刚从深渊中浮起时，船底又涌起一股汹涌的浪头，将船托上浪峰。

由于巨浪来得太突然，悬在空中的油轮船头和船尾失去了支撑，而中部却承受不住几万吨原油的巨大的压力，船体终于出现裂缝。在接二连三的海浪冲击下，船最终一折为二下沉。待到风

浪暂停后，海面上除了浮着厚厚一层原油。

探究好望角

为了航行的安全，科学家们来到好望角，调查研究这里风急浪高的原因。经过一段时间的工作，科学家把好望角海域风浪大的原因，归纳成以下两种说法："海流说"和"西风带说"。

海流说：每次发生事故时，海浪总是从西南扑向东北方，而遇难船只的行驶方向是从东北向西南。也就是说，船行的方向正好和海浪袭来的方向相反，船是顶浪行驶的。科学家还实地调查了当地的海流情况。他发现，好望角附近水下的海洋与船只行驶的方向是相同的，换句话说，海底的海流推动船只顶着海浪前进，几股力量的共同作用就造成了船毁人亡的结果。

西风带说：因为好望角恰恰位于西风带上，所以当地经常刮11级以上的大风，大风激起了巨浪，经过的船只就处在危险之中。西风带说存在一个致命伤。因为这种学说不能解释在不刮西风的时候，为什么海浪还是如此之大。

然而，作为鬼门关的好望角，不管是什么日子，船一到好望角附近的海面，马上就落入危险的境地。这又是什么原因呢？科学家们很难全面解释。

直至现在，好望角附近的海面，仍在无情地吞没不幸的船只。要是哪一天人类能彻底掌握风浪活动的规律，好望角附近的天堑就一定能变成通途。

我还想知道

圣泉治病之谜

圣泉的传说

传说1858年，在意大利西西里岛一位女孩在岩洞内玩耍，忽然，圣母玛利亚在她面前显圣，告诉她洞后有一眼清泉，指引她洗手洗脸，并且告诉她这泉水能治百病，说罢倏然不见。神奇的泉水经年不息，它以其神奇的治疗功效闻名全球，就连被现代医学宣判"死刑"的皮肤病患者来此洗过之后也很快康复。因此被人们称之为圣泉。

相关事件

有个意大利青年，名叫维托利奥·密查利，他身患一种罕见的癌症，癌细胞已经破坏了他左髋骨部位的骨头和肌肉。经X光透视发现，他的左腿仅由一些软组织束同骨盆相连，看不到一点骨头成分，辗转几家医院后，他的左侧从腰部至脚趾被打上石

膏，但却被宣告无药可医，而且预言至多能再活一年。

1963年5月26日，他在其母亲的陪伴下，经过16小时的艰难跋涉到达劳狄斯，第二天便去沐浴。

密查利在几名护理员的照顾下，脱去衣服，光着身

子被浸入冰冷的泉水中，但打着石膏的部位却未浸着，只是用泉水进行冲淋。

奇迹出现了，打这以后，密查利开始有了饥饿感，而且胃口之好是数月来所未有过的。

从圣泉归家后仅数星期，他突然产生从病榻上起身行走的强烈欲望，而且果真拖着那条打着石膏的左腿从屋子的一头走到另一头。此后几个星期内，他继续在屋子里来回走动，体重也增加了。到了年底，疼痛感竟全部消失。

1964年2月18日，医生们为他除去左腿上的石膏，并再次进行X光透视，片子上清晰显示出那完全损坏的骨盆组织和骨头竟然出人意料地再生。4月，他已能行动自如，参加半日制工作，不久便在一家羊毛加工厂就业。像这样的病例并非个别。

据报道，在124年中为医学界所承认的这样的医疗奇迹就达64例。这64例均经过设在劳狄斯的国际医学委员会严格审定。该机构由来自世界10个国家的30名医学专家组成，各个专家均是某个专科的权威。

那么，圣泉这种起死回生的奥秘究竟何在呢？随着现代医学的不断发展，我们相信，人们一定能剥去圣泉的扑朔迷离的宗教外衣，揭示它的本质，从而解开这个谜团。

据统计，每年约有430万身患疾病、甚至是病入膏肓的人去劳狄斯，也有被现代医学宣判"死刑"的病人。他们不远千里来到这儿，仅在圣泉水池内浸泡一下，病情便能减轻，有的竟不药而愈！

我还想知道

图书在版编目（ＣＩＰ）数据

地理美景的奥妙解答：地理奇观惊曝 / 韩德复编著
. -- 北京：现代出版社，2014.5
ISBN 978-7-5143-2647-5

Ⅰ．①地… Ⅱ．①韩… Ⅲ．①地理－世界－通俗读物
Ⅳ．①K91-49

中国版本图书馆CIP数据核字(2014)第072346号

地理美景的奥妙解答：地理奇观惊曝

作　　者：韩德复
责任编辑：王敬一
出版发行：现代出版社
通讯地址：北京市定安门外安华里504号
邮政编码：100011
电　　话：010-64267325 64245264（传真）
网　　址：www.1980xd.com
电子邮箱：xiandai@cnpitc.com.cn
印　　刷：汇昌印刷（天津）有限公司
开　　本：700mm×1000mm　1/16
印　　张：10
版　　次：2014年7月第1版　　2021年3月第3次印刷
书　　号：ISBN 978-7-5143-2647-5
定　　价：29.80元